W0077570

Norbert Schmidt (Hrsg.)
Marina Gust · Hans-Peter Gumtz

Vom Spielwaren-Fuhr bis zum „Scarabée"

Neue Geschichten und Anekdoten
aus dem Gießen früherer Jahre

Band 3

Wartberg Verlag

Bildnachweis:
Die Fotos auf der Umschlagvorderseite stammen von den Gießen-Fotografen Karl-Heinz Brunk (Fuhr), das Bild von S. 68/69 von Franz Möller, die Abbildung der Kurzeck-Skizze „Bahnhofsvorplatz" auf der Umschlagrückseite aus dem Fundus von Manfred Aulbach (www.aulbach-giessen.de). Die drei im Vorwort abgebildeten Autoren fotografierte der Journalist Heiner Schultz bei der Lesung am 6.Juli 2008 in den Marktlauben. Die Fotos zur Illustration der einzelnen Erzählungen wurden von privat zur Verfügung gestellt oder – mit freundlicher Genehmigung der Verlagsleitung und Chefredaktion – vom Archiv der Gießener Allgemeinen Zeitung. Die Fotos zu „Eine kleine Imbissbude ..." stammen von Manfred Aulbach, der Stadtplan auf S. 79 vom Stadtarchiv Gießen.

Textnachweis
Der Text „Vom Teufelslustgärtchen über Frankfurt nach Paris" zitiert aus einem Interview mit Peter Kurzeck am 28. April 2008 in Lollar an der Clemens-Brentano-Schule und aus seinem Buch „Keiner stirbt", erschienen 1992 als Taschenbuch beim Fischer Verlag.
Der Text „Eine kleine Imbissbude im Seltersweg als Goldgrube – und endlos viel Freiheit" zitiert aus einem Gespräch mit Manfred Aulbach am 19. Juni, Internet www.aulbachgiessen.de und „Als Amerika nach Gießen kam. Gießener und amerikanische Zeitzeugen schildern die Nachkriegsjahre" (Verlag Gießener Allgemeine Zeitung/1997).

1. Auflage 2008
Alle Rechte vorbehalten, auch die des auszugsweisen Nachdrucks und der fotomechanischen Wiedergabe.
Satz und Layout:
Grafik & Design Ulrich Weiß, Gudensberg
Druck: Thiele & Schwarz, Kassel
Buchbinderische Verarbeitung:
Buchbinderei Büge, Celle
© Wartberg Verlag GmbH & Co. KG
34281 Gudensberg-Gleichen, Im Wiesental 1
Telefon (0 56 03) 9 30 50
www.wartberg-verlag.de
ISBN 978-3-8313-1909-1

Inhaltsverzeichnis

Eintauchen in den Raum der Erinnerung ...

... wollen wir auch mit dem dritten Büchlein voller Geschichten und Anekdoten aus dem Gießen früherer Jahre: „Vom Spielwaren-Fuhr bis zum Scarabée" ist die kon-
sequente Fortsetzung des mittlerweile in zweiter Auflage vorliegenden ersten Bandes „Vom Selterstor zum Hawwerkaste'" und des kaum weniger nachgefragten zweiten
„Von der Bratwurst-Anna bis zum Karzentra".

Überraschend für die Autoren war zudem das große
Interesse an ihren Lesungen: Im Frühjahr auf den SKC-
Lahnterrassen und im Sommer 2008 unter den Marktlauben jeweils 300 lauschende Ohren und applaudieren-
de Hände – damit war nicht zu rechnen. Und jedes Mal
bei öffentlichen Lesungen in Gießen oder Umlandgemein-
den stießen wir auf die Bestätigung eines Wortes unserer
Kollegin Michaele Scherenberg: Die prominente Frau vom
Hessen-Fernsehen hatte 2003 im Licher Hardtberggarten
bei der Vorstellung eines ebenfalls im Wartberg Verlag er-
schienenen Oberhessen-Buches festgestellt, Erinnerungen
seien das Land, aus dem wir nicht vertrieben werden können. Und die Gedanken an „gehabtes Leben" seien um-
so wertvoller, je öfter man sie mit anderen teile. Erinnerungen seien wie ein Parfum, das man in ganz bestimmten
Momenten des Alltags benutzt und häufig aufgetupft hat:
Man braucht Jahre später nur ein wenig daran zu schnup-
pern, schon sind sie wieder greifbar und plastisch da – die
Geschichten von früher.

Keine Identität, weder von Personen noch Gruppen,
ist ohne einen Bezug zur Vergangenheit denkbar. Erinnerungen hinterlassen räumliche Spuren, an denen wir das
Verhältnis zur Vergangenheit ablesen können. Ganz in der
Tradition des französischen Schriftstellers Marcel Proust
inszeniert auch „Vom Spielwaren-Fuhr bis zum Scarabée"
die Subjektivität der menschlichen Wahrnehmung, mit all
ihren Nachteilen und Möglichkeiten: Kein Mensch kann
Wirklichkeit oder Wahrheit als solche erkennen, sondern

4

besitzt allenfalls eine subjektive Wahrheitsvorstellung. Andererseits entfaltet jeder Mensch in seiner subjektiven Wahrheit eine einzigartige Welt, ist ein jeder sein eigener Kosmos. Was dem einen eine Eule, ist dem anderen eine Nachtigall!

Wir suchen die Essenz der Dinge dort, wo andere Augen sie nicht (mehr) sehen. Oder, wie es Geraldine Schwemin, eine gute Freundin aus Paris, die in jungen Jahren gern im „Scara" abhing, kürzlich sagte: „Die Stätten, die wir gekannt haben, sind nicht nur der Welt des Raumes zugehörig, in der wir sie uns denken, weil es bequemer für uns ist." Sie seien flüchtig und – doch – wehmutsvolles Gedenken an einen bestimmten Augenblick.

„Vom Spielwaren-Fuhr bis zum Scarabée" – das ist, der Titel sagt es, ein Erzählbogen mit Kindheit am Anfang und den Jahren der beginnenden Reife am Ende. Hörfunk-Journalistin Marina Gust (Foto Mitte) nahm sich eines Mannes an, der wie kaum ein Zweiter über das Gießen vor vierzig und fünfzig Jahren erzählen kann: der sanftmütige Protokollant des Alltags Peter Kurzeck.

Hans-Peter Gumtz (Foto links), leitender Kultur-Redakteur bei der „Gießener Allgemeinen", passionierter Stadtführer und ein Kind dieser Stadt, schrieb über das Café Rühl am Marktplatz und die unvergessene Aspasia Hinüber, geborene Stefanopoulou.

Mit Sigrid Fuhr, Manfred Aulbach und Marlene Lischper sowie Inge Menges und Christel Brömer-Weber samt weiteren Zeitzeugen stieg einer in die Zeit von Kindheit und Jugend zurück, der einmal mehr zutiefst gerührt ist darüber, dass er als Krofdorfer und hauptberuflich für die Belange der Landbevölkerung zuständiger Journalist mit diesem Büchlein dazu beitragen kann, dass die Erinnerungen an das Gießen früherer Jahre nicht verblassen…

Norbert Schmidt

Das Spielwaren-Mekka mitten in Gießen – eine Kathedrale der kindlichen Fantasien und der endlosen Träume

Blick in die Geschichte des vor über 175 Jahren gegründeten Familienunternehmens J. H. Fuhr in der Sonnenstraße

Anfangs war es das sonntägliche Schaufensterbummeln im Seltersweg und zum Marktplatz hin, das den Knaben vom Land – einem Ritual gleich – an die Auslagen in der Sonnenstraße führte, wo er staunend, mit weit geöffneten Augen und noch weiter aufstehendem Mund auf die Modelleisenbahn schaute: Wie von Geisterhand gesteuert, fuhren Züge durch eine kleine Traumwelt, hielten am Bahnhof einer Kleinstadt, wo Menschen warteten oder winkend am Bahnsteig standen. Dahinter eine Baustelle, eine Kreuzung, ein Bahnübergang. Zu einer Ecke hin erhoben sich Berge, zwischen denen ein kleiner See voll blauen Wassers lag, unten hindurch rasten die Züge. Signale gingen automatisch nach oben oder unten, Schranken öffneten sich oder sperrten den Bahnübergang.

Märklin und Fleischmann, Faller und Wiking. Zauberworte. H0-Spur; Maßstab 1:87. Wiking, die passenden Modellautos, die Ende der Fünfziger noch nicht mal eine Mark kosteten und aussahen wie die richtigen Karossen auf der Straße – wie der Ford 12m des Patenonkels oder der Karman Ghia aus der Nachbarschaft, natürlich auch wie der Volkswagen-Käfer, den die Eltern ihr Eigen nannten.

Immer gab es neue Autos oder Lokomotiven zu sehen, waren andere Szenarien dargestellt. Vielleicht redete man sich das auch nur ein, weil man für sich ein ums andere Mal etwas Neues entdeckte – Traumwelt.

Im Fenster daneben waren die größeren Modelle zu betrachten – einfache Serienfahrzeuge, Rennwagen, darüber hinaus Schiffe und Flugzeuge. Das hätte man als Kind noch nicht geschafft, dazu hätte es Vaters Zutun und

6

Weihnachten 1958 nach der Bescherung: Sigrid und ihr Bruder Hans-Jürgen – und der über alles geliebte (Spiel-)Hund „Arco"

dessen modellbauerischen Talents bedurft. Da standen aber auch die Märklin-Metallbaukästen, die Trix-Systeme, die Stabil-Baukästen. Hinten waren die Puppen zu sehen und die Puppenstuben und die Kaufläden und die Kinderwagen und die Schaukelpferde und die Plüschtiere ... Rechts waren die Spiele dekoriert, der Matador-Holzbaukasten, Baufix und die Puppenschneiderei. Ein Postamt, ein Zauberkasten, Tipp-Kick, „Hütchen, hüpf!", eine ganze Spiele-Sammlung, Memory, Scrabble.

Und dann erst, Ende der 1950er, die ersten Lego-Steine, diese genoppten Acrylnitrilbutadienstyrol-Spritzlinge aus Dänemark, die fortan in keinem Kinderzimmer oder in keiner Spielecke fehlten. Sie machten die Kathedrale der kindlichen Fantasien komplett.

Was für eine Welt, die besonders an den Spätnachmittagen im Advent so traumhaft aussah: hell erleuchtet, während man sich als Betrachter im Dunkel näherte!? Die Neonlampen darüber: „Spielwaren J. H. Fuhr". Eine Gießener Institution.

„Hast du mir was mitgebracht?" Kam die in der Stadt berufstätige Mutter abends nach Hause und packte ihre Siebensachen aus, lugte manchmal ein grün-weiß-rot gestreiftes Tütchen aus der Aktentasche. Dann wusste der Bub in Krofdorf, dass für ihn etwas dabei war. Dumm aus der Wäsche schaute er nur, wenn darin eben kein Auto war, sondern Nähgarn oder Knöpfe. Denn „der Fuhr" war und ist – als Kind und Jugendlicher vermochte man einen Zusammenhang hier nicht auf Anhieb zu erkennen – nicht nur ein Spielwarenladen, sondern auch ein Fachgeschäft für Hand- und Bastelarbeiten.

„Der Fuhr" fesselte einen aber nicht nur als Kind, sondern weit darüber hinaus. Der Heimweg nach dem Schlussgong am Gymnasium führte oft genug nicht geradewegs nach Hause, egal ob man Stadtkind war oder ein sogenannter Fahrschüler, der mit Bus oder Bahn raus aufs Land musste. Wenn im Herbst die neuen Kataloge kamen, musste man einen haben: Tagtäglich wurde darin geblättert, an ihm hangelten sich die Fantasien entlang, auf ihm basierten die Wunschzettel zu Weihnachten.

Der Blick in den Fuhr-Katalog rettete uns Kinder, wenn der Schaufensterbummel wegen anderer Unpässlichkeiten ins Wasser gefallen war; etwa wegen eines ungezogenen, aufbegehrenden Burschen, dem die Eltern Hausarrest erteilt hatten. Die 34 Seiten waren wie eine Droge. Die Inhaltsstoffe – geradezu berauschend, noch heute, 50 Jahre danach.

1959/60. Vorn die Schildkröt-Puppen namens Karin, Ursel, Strampelchen und Pummelchen, danach eine Seite mit Holzspielzeug für Krabbelkinder. Ein Schaukelstuhl, eine plastische Burg und eine Blockhaus-Siedlung. Musikinstrumente, darunter eine „Camping"-Mundharmonika von Hohner. Ein Kasperltheater, Puppenwagen und Mini-Kinderzimmer, Stoffpuppen von Käthe Kruse, ein „formschöner Verkaufsstand", über einen Meter lang und zum Preis von immerhin 135 Mark. Modelleisenbahnen, darunter der Touropa-Ferien-Express „Pesaro" mit der legendären Diesellok „V 200" an der Spitze des Zuges. Von Faller eine Shell-Tankstelle, die noch heute im Internet gehandelte B-217, mit Bedienungsraum, Pflegehalle, Tanksäulen und imitierten Lampen für gerade einmal 3,25 Mark.

Flugzeuge und wassertaugliche Boote mit richtigen Motoren, Revell-Baukästen, die gute, alte Dampfmaschine. Gesellschaftsspiele, dann das faszinierende Eishockeyspiel, bei dem die Spieler – ähnlich dem Tischfußball – mit Stangen von außen bedient wurden. Nicht zu vergessen Kinder- und Jugendbücher: Pearl S. Bucks „Drachenfisch", von Irmgard Sprenger „Pimpchens erstes Schuljahr", Erika Lilleggs „Feuerfreund" und die unverzichtbaren „Zehn kleinen Negerlein". Ganz am Ende dann die „Steiff – Knopf im Ohr"-Kollektion, Rollschuhe von Polar, ein nahezu 1,30 Meter langes Tretauto, ein 190er SL Mercedes sowie ein schicker Puky-Roller mit Luftbereifung, kleinem Gepäckträger, Fußbremse hinten und Handbremse vorn, inklusive zweier Wimpelstangen.

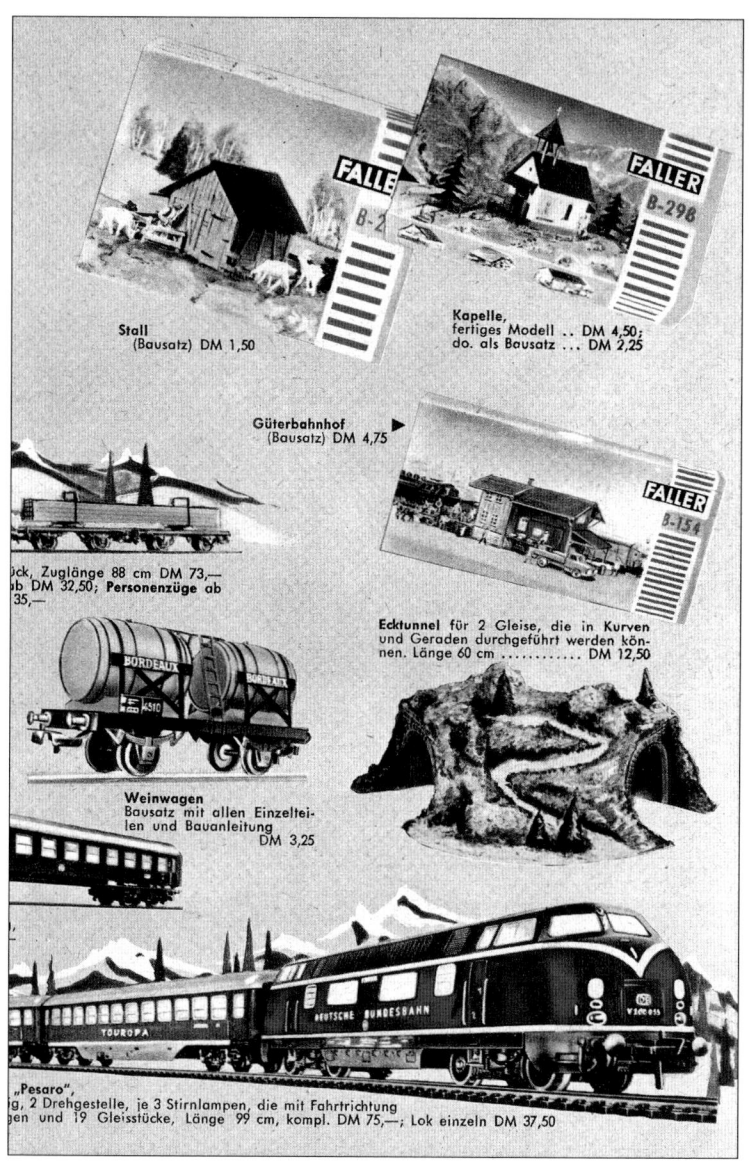

Stall
(Bausatz) DM 1,50

Kapelle,
fertiges Modell .. DM 4,50;
do. als Bausatz ... DM 2,25

Güterbahnhof
(Bausatz) DM 4,75 ▶

...ück, Zuglänge 88 cm DM 73,—
...ab DM 32,50; **Personenzüge** ab
...35,—

Ecktunnel für 2 Gleise, die in Kurven
und Geraden durchgeführt werden können. Länge 60 cm .... DM 12,50

Weinwagen
Bausatz mit allen Einzeltei-
len und Bauanleitung
DM 3,25

„Pesaro",
...g, 2 Drehgestelle, je 3 Stirnlampen, die mit Fahrtrichtung
...gen und 19 Gleisstücke, Länge 99 cm, kompl. DM 75,—; Lok einzeln DM 37,50

*Was den Erwachsenen zweimal jährlich die Kataloge von Neckermann und
Quelle, war den Gießener Stadt- und Land-Kindern ein etwa 36-seitiger
Fuhr-Prospekt, der – beworben in der Tageszeitung – im Laden abgeholt
werden konnte. Eine ideale Vorlage, um Wunschzettel zu verfassen. Hier
Ausschnitte aus den späten Fünfzigern.*

Opel-Rekord DM -,60

,,Nichts für Dich'' —
sagt der Fritz zur Ursel, —
aber die Freude aller
Modell-Sammler
von 7 bis 70 Jahren.

WIKING-Verkehrs-Modelle 1 : 90
WIKING-Flugzeug-Modelle 1 : 200
WIKING-Schiffs-Modelle 1 : 1250
Bebilderte Preislisten kostenlos erhältlich

Gloster Javelin DM 1,20

M/S Oranje DM 4,50

11

Mitten in diesen heiligen Hallen des Spielens groß geworden sind Hans-Jürgen (Jahrgang 1953), Sigrid (1957) und Marko Fuhr (1960), die Kinder von Jost Fuhr und Brigitta, geborene Duseberg. Paradiesische Zustände? Mitnichten, unterstreicht Sigrid Fuhr, wenn man sie danach fragt. Sie hat das 1830 gegründete Familienunternehmen 1998 übernommen, unmittelbar nach dem plötzlichen Tod ihres Vaters. Von wegen, dass die Fuhr-Tochter sich in jungen Jahren zur erbaulichen Kurzweil an Spielwaren aussuchen durfte, was sie wollte.

Sie wusste: Das ist das Brot des Vaters. Mal schauen habe man erst nach Geschäftsschluss gedurft, wenn die Mutter oben den Tisch deckte und unten im Laden noch die Kasse gemacht werden musste: „Vati abholen!", habe das geheißen. Dann sei es schon mal vorgekommen, dass sie sich einen Holz- oder einen Gummiroller genommen habe, um damit einmal durch die Regalreihen zu fahren. „Dann war's auch nicht schlimm, wenn der Vater noch ein bisschen was zu tun hatte."

Die Klassenkameraden in der Liebigschule, wo einer der Großväter dereinst Lehrer gewesen war, hätten immer gemeint, sie bekomme alles, was sie sehe und sich wünsche. Dabei empfanden die Fuhr-Kinder, furchtbar strenge Eltern gehabt zu haben, weil denen unbedingt daran gelegen war, dass die Söhne und die Tochter aufwachsen wie andere auch. Brigitta Fuhr, auch im Ruhestand

Das war vor fast 50 Jahren: Fuhr baute eine Schaupassage mit Mittelvitrine. In der Adventszeit war da oft eine große Modelleisenbahn-Landschaft ausgestellt – ein Guck-Muss vor allem für Jungens.

noch täglich im Geschäft zu finden und vor allem für die Puppen-Abteilung verantwortlich, sitzt mit am Tisch und nickt, bestätigt mit ein Lächeln: „Ja, so war's!"

Wie zum Beleg erinnert Sigrid Fuhr an die Kleiderordnung in den späten 1960er-Jahren: Im Schrank waren eine Turnhose, eine Skihose und eine Lederhose – ansonsten nur Röcke. Geradezu neidisch sei sie gewesen, als eine Klassenkameradin zum ersten Mal mit einem Hosenanzug zum Unterricht erschienen sei. Ihre erste Puppe bekam „die kleine Fuhr" 1960 – ihre „Puppa" war von Hummel, aus Vinyl und Gummi. Von wegen Käthe Kruse, das Modell der Töchter aus besserem Hause. Zur Lieb-

lingspuppe wurde allerdings später das „Schlummerle"
von Schildkröt. Arme, Beine und Kopf aus weichem Vinyl, der Körper aus Stoff. Tolle Haare, große Augen. Man
konnte sie hinsetzen und unterschiedlich kleiden. Bis in
die Gegenwart hält die Nachfrage nach diesem Modell
an. Ein weiteres Spielzeug-Juwel von Sigrid war „Arco", ein Hund auf Rädern, den man aber auch zu einem
Schaukeltier umbauen konnte. Ja, ja, die Puppen. Brigitta Fuhr erinnert daran, dass die kleinen Figuren bis hin
zur Baby-Puppe, meist aus festem Kunststoff gefertigt, in
früheren Jahren unbekleidet im Laden gestanden hätten.
Von „Nacktärschern" habe eine Kundin vom Land beim
Betreten des Ladens immer gesprochen.

Sigrid Fuhr weiß, dass eine jede Puppe eine eigene Geschichte hat – immer aus dem Blickwinkel ihrer Puppen-
mutter betrachtet, je nach Fantasie, je nach zugedachtem
Rollenspiel. Eine Puppe müsse gar nicht alles „können",
brauche eigentlich gar nicht so viele Funktionen. Heute
gebe es Exemplare, die könne man füttern, die redeten
und tränken, andere nässten in die Windel. Wiederum andere fangen an zu schreien, wenn man ihnen den Schnul-
ler aus dem Mund zieht. Auch erkranken könnten Puppen – festzustellen durch Messen der Körpertemperatur.
Die Diplom-Biologin, die seit 1986 im elterlichen Geschäft
tätig ist, wo sie zunächst in der Buch-Abteilung anfing,
schüttelt da nur mit dem Kopf: Spielzeug dieser Art ist
nicht dazu angetan, die kindliche Fantasie anzuregen.

Ein weiter Blick zurück. Johann Heinrich Fuhr – daher
bis heute das „J. H." im Firmennamen – gründete 1830 eine Zinngießerei und kaufte zwei Jahre danach das Gebäude in der Sonnenstraße, mitten in der Altstadt. Der Zinn-
gießer fertigte auch kleine Figuren, Soldaten, zudem Ge-
schirr für Puppenstuben – und legte so den Grundstein
für die Spielwarenabteilung. Die Urahnin an seiner Seite
war hingegen Fachfrau fürs Klöppeln und ergo jene, die
als Erste in der Familie für die Handarbeiten stand. Heute
firmiert man bekanntlich unter „Spiel – Hobby – Freizeit".

Brigitta und Jost Fuhr heirateten 1952. Zehn Jahre später übernahmen sie das Familienunternehmen.

Bereits 1855 ließ Fuhr in Gießen das Gießen sein, stellte um von Handwerk auf den Verkauf von Spielwaren und Handarbeiten, kaufte 1860 zwei weitere kleine Häuser hinzu, erstellte 1873 einen ersten eigenen Anbau, übergab den Laden 1877 an Daniel Ludwig Fuhr, seinen Sohn. Der blieb umtriebig wie der Papa, kaufte 1884 ein weiteres Nachbarhaus – und ließ 1892, nach dem Abriss der kleinen Häuser, ein respektables, geradezu hochherrschaftliches Wohn- und Geschäftshaus errichten, ein architektonisches Prachtstück. 1927, nach dem Anbau einer Galerie und Daniel Ludwigs Tod, übernahm dessen Sohn Hermann Fuhr in der dritten Generation das da bereits weit über die Stadt hinaus bekannte Fachgeschäft.

Der Bombenhagel des 6. Dezember 1944 vernichtete auch das Fuhr-Anwesen. Erst 1948 begann die Familie wieder mit dem Handel; zunächst als Mieter in der Bahnhofstraße. 1952 folgte der Neubau in der Sonnenstraße 25 – die Rückkehr an den gewohnten Standort just in dem Jahr, in dem der „Filius" Jost im September seine Brigitta heiratete und damit signalisierte, dass das Haus als Familienunternehmen auch in der vierten Generation bestehen kann. 1960, zwei Jahre vor seinem Tod, ließ Hermann Fuhr noch einen Anbau errichten. Auch unter Jost Fuhr hielt der innerstädtische Expansionskurs an: 1971 Anbau Sonnenstraße 23, neun Jahre danach, zum 150-Jährigen, Erwerb des rückwärtigen Parkplatzes, wiederum eine Dekade später Erwerb des Anwesens Nummer 31, der 1996 in einen umfänglichen Um-, An- und Ausbau mündete. Fatalerweise wie 1960, zwei Jahre vor dem Tod des Inhabers.

*

Der 1960er Umbau war es, der – im Sinne des eingangs dieser Erzählung fantasierenden Knabens – eine Besonderheit mit sich brachte, die die Gießener bis dahin allenfalls vom Karstadt-Neubau her kannten: eine Schaupassage mit Mittelvitrine, aus Sicht der Geschäftsleute

In den Fünfzigern war die Spielwaren-Auswahl anders als heute – aber aus Sicht eines Kindes bereits fast unüberschaubar.

allerdings ein zweischneidiges Schwert. Dort ließen sich zwar ideal die ganz besonderen Artikel feilbieten, nachgerade großflächige Modelleisenbahnen. Andererseits lud das anfangs leicht zu knackende Schloss an der gläsernen Schiebetür Einbrecher und Diebe geradezu ein.

Aber die große Vitrine war eben ein Magnet. Brigitta Fuhr weiß es, als wenn es erst gestern gewesen wäre: „Montags mussten wir gleich nach dem Öffnen des Ladens erst einmal die Fenster putzen – denn die waren voller Abdrücke von Kindernasen und -händen."

Wehmütig? Vielleicht, ein bisschen. Brigitta Fuhr erzählt von den Eheleuten Willi und Brigitte Zapf aus Franken, Puppen- und Spielwarenfabrikanten, die der Familie Fuhr wegen in Gießen waren. Die Steiffs seien zum 150-Jährigen hier gewesen. Und Otto Maier, Buchhändler und Spieleproduzent aus Ravensburg, „den kannte die Oma noch persönlich".

Die Zeiten sind im Wandel begriffen – immer schon, nur vielleicht nicht ganz so schnell wie gegenwärtig. Früher, wann immer es war, war ein Fuhr-Jahr von konjunkturellen Schwankungen geprägt, hätten die Tage zwischen Oktober und Weihnachten 48 Stunden lang sein dürfen. In der Einkaufsgenossenschaft, unter Kollegen, nicht zuletzt auf der Spielwarenmesse wurde der Markt erörtert. Längst bestimmen die Hersteller, was Kinder zu brauchen haben: Fernsehwerbung läuft ganz gezielt, gebiert einen Boom nach dem anderen, lässt ein Bedürfnis dem anderen folgen, setzt die Trends. Nur nicht durchatmen lassen, die „Kiddies" mit dem vielen Taschengeld.

Ganz so neu ist das aber auch nicht. Sigrid Fuhr weiß darum, kann reflektieren, abwägen, weise Entscheidungen herbeiführen oder auch solche, die man so treffen muss, weil man sonst weg ist vom Fenster. Lego gibt's seit fünfzig Jahren – und ist trotzdem kein Selbstläufer, muss stetig neu beworben werden. Ähnlich Playmobil und die Barbie-Puppen – ein in den USA konzipiertes Phänomen, das schon vor vierzig Jahren den europäischen Markt eroberte. Spielwaren werden Kult. Vieles ist, im Vergleich zu früher, absoluter Schrott – aber man muss es im Sortiment haben, weil sonst die kleinen Monster mit ihren gequälten Eltern nicht mehr kommen. Anderes ist, wieder relativiert, pädagogisch weit wertvoller als etliche Spielsachen der Fuhr-Frühzeit.

*

Die Kathedrale voller Kinderträume, dieses Spielwaren-Mekka mitten in Gießen, es ist indes unvollkommen. Nicht alles das, was ein Kind braucht, ist dort zu erwerben. Jost Fuhr selbst hat es kurz vor seinem Tod einmal bestätigt, nachdem ihn die Gießener Hörfunk-Journalistin Marina Gust ganz gezielt danach gefragt hatte: Wessen Kinder am meisten bedürften, seien Zeit und elterliche Zuwendung. Beides habe er leider nicht im Angebot.

Sonntagsbitte der Mutter: „Hol mal beim Rühl drei Marzipan-Schnitten mit der hellen Creme!"

Café-Bäckerei „links vom Rathaus" war nach dem Krieg das erste am Marktplatz wiedererstandene Gebäude

Wenn am frühen Morgen des Aschermittwochs die letzte Polonaise hinter der Theke vorbei durch die Backstube des Café Rühl marschierte, waren die Bäcker bereits am Werk und bereiteten die frischen Brötchen für die morgendliche Kundschaft vor. Zu der zählten wohl jene Narren nicht, die dort vor Jahrzehnten bis zu dieser frühen Stunde – vom Abend des Fastnachtsdienstags an – den legendären alljährlichen Fastnachtsball ausgiebig bei Tanz, Gesang, Einlagen, Spielen mit Preisen und viel „Helau" gefeiert hatten. Losgegangen war es ja schon am Nachmittag, denn Tradition im Hause Rühl war auch die Kinderfastnacht, die mit ebenso viel Elan und Hingabe organisiert und gefeiert wurde.

„Triebfeder" für derlei närrisches Tun, an dem sich – wenn die Erinnerung nicht trügt – des Schreibers Eltern samt Nachbarschaft aus der Georg-Schlosser-Straße emsig beteiligten, war Inge Katz, die mit ihrem Mann Willi in vierter Generation das Café Rühl betrieb. Inge Katz hatte es in den Kriegswirren, als die Mutter ein zweites Mal heiratete, von Mannheim nach Gießen verschlagen. Und wenn wir auch eher an Mainz und Köln denken, dann kann eben auch eine „Mannemerin" durch und durch eine „rheinische Frohnatur" sein. Und das ist sie heute noch. Zurückgezogen lebt sie mit ihrem Mann – beide sind sie, bei einer Dame soll man's ja nicht sagen, so um die 80 – in einer Idylle voller Erinnerungen, sicherlich mit ein bisschen Wehmut im Rückblick, aber voller Dankbarkeit für Erlebtes und ein wenig stolz auf Geleistetes. Und geleistet werden musste etwas im Café Rühl. Wie gesagt, das Backen begann in aller Frühe, und der gastronomische Betrieb verlangte Durchhalten bis in die Nacht an sieben Tagen in der Woche.

Da muss sich der Schreiber dieser Zeilen noch einmal einmischen, der auf Milch-Grieb-Gelände groß geworden ist: Willi Katz mit seiner markanten Barttracht kennt er, seit er denken kann. Kein Tag verging, an dem er – Willi Katz also – nicht mit seinem Fiat-Unikum, einem Mittelding aus Kleintransporter und Kommissbrot-Kopie, an die Rampe kam, um Milch, Sahne und all das abzuholen, was in einer guten Konditorei gebraucht wird. Und da wir gerade bei der „persönlichen Einmischerei" sind: Wenn meine Mutter sonntags sagte: „Hol mal beim Rühl drei Marzipan-Schnitten mit der hellen Creme", dann war dies der absolute Höhepunkt des Tages, und so schmeckte es dann auch.

1860 hatte alles begonnen. Ludwig Rühl gründete den Familienbetrieb, ein Sohn desselben Vornamens übernahm, und dessen Tochter Mathilde heiratete Karl Katz, womit der Namenswechsel in der „Dynastie" erklärt ist, was aber am Namen „Café Rühl" nichts ändern konnte – das war eine Institution. Allein die Lage: „Am Marktplatz treffen sich die Linien" heißt ein Buch über die Gießener Straßenbahnen, später sollten es die Busse sein, und sie sind es noch heute in großer Zahl, ganz gleich, was man von den Wartehäuschen hält. Und Inge Katz weiß von früher zu erzählen, dass mancher, dem das Warten (auch ohne Häuschen) zu lange wurde, einem dringenden Bedürfnis folgend zwar Gast in bestimmten Bereichen des Café Rühl war, aber weder Kaffee bestellte noch etwas Gebackenes kaufte.

Die Rühls und Katz' hatten ihre Stammkundschaft. Da waren die Besucher aus dem Umland, für die ein Gießen-Besuch nur dann „rund" war, wenn ein Abstecher im Café Rühl dazugehörte. Da waren die Clubs und Honoratioren, die dort verkehrten, und da war manch Künstler aus dem Stadttheater, wie etwa Kurt Pscherer, der hier Tenor-

Das Café Rühl „links vom Rathaus" war nach dem Zweiten Weltkrieg das erste Gebäude, das am Marktplatz neu errichtet wurde. Rechts im Hintergrund der Turm der zerstörten Stadtkirche.

buffo und Operettenregisseur war und es dann in München zum Intendanten des Gärtnerplatztheaters brachte. Inge Katz kommt auch auf Theo Friedrich zu sprechen, den sie traf, wenn sie morgens auf dem Wochenmarkt die Beschickerinnen mit Kaffee und belegten Brötchen versorgte. Und Inge Katz weiß noch heute, dass dieser Theo Friedrich bei all seinen anderen Erfolgen besonders als Frosch in Strauß' „Fledermaus" begeistern konnte, wobei ihr sicher viele Theatergänger früherer Zeiten zustimmen

Legendär der alljährliche Fastnachtsball beim Rühl, wo bei Tanz, Gesang, Einlagen, Spielen mit Preisen und viel „Helau!" gefeiert wurde. Losgegangen war es ja schon am Nachmittag, denn Tradition im Hause war auch die Kinderfastnacht (Foto), die mit ebenso viel Elan und Hingabe von Inge Katz (Bildmitte) organisiert und gefeiert wurde.

werden. Viele „Dynastien" kennt Inge Katz vom Markt – natürlich auch jene, die heute von Gerda Mappes angeführt wird.

Wer weiß, wie Gießen im Dezember 1944 gelitten hat, kennt auch das Bild des ersten am Marktplatz wiedererstandenen Gebäudes, eben jenes des Café Rühl. Und Willi Katz, der genau dort, „links vom Rathaus", auf die Welt kam, erinnert sich, dass der Wiederanfang nur deshalb so zügig vor sich gehen konnte, weil bei aller Zerstörung der Backofen heil geblieben war. Zuerst verkaufte man in einer Baracke, zu der man über Holzbohlen gelangte. Mutter Katz („sie hat sich abgestrampelt") machte sich einen Namen mit ihrer Bouillon, die auch im Hause Mettenheimer begehrt war. So ging es über Jahrzehnte, bis 1997 die Familientradition endete. Aber Inge und Willi Katz unterstützten fortan die Kinder, die ihre Aktivitäten auf das nahe gelegene „Türmchen" verlagerten.

Inge und Willi Katz haben sich übrigens auf einer Fahrt zu einem Bäckerball in Rödgen auf einem Holzvergaser kennengelernt. Wenn sie heute über Vergangenes nachdenken, steht im Mittelpunkt die Erkenntnis: „Gerade das Schöne bleibt in ewiger Erinnerung!"

Inge und Willi Katz (rechts) im Kreise der Familie

Der „Fahrschüler" aus Staufenberg trödelte dereinst gern beim „Fuhr"

Literarischer Stadtspaziergang mit Peter Kurzeck
führte 2002 zu Handlungsorten des Romans „Keiner stirbt"

Öde Orte" – Dr. Rolf Haaser, der an einem Sommersamstag gemeinsam mit Prof. Erwin Leibfried zu einem Stadtspaziergang mit dem Schriftsteller eingeladen hatte, zitierte unmittelbar zu Beginn am Stadtkirchenturm aus einem Reclam-Band über literarische Ödnisse, in dem Gießen halt nicht so gut wegkommt. Aber Schriftsteller Peter Kurzeck beschwichtigte: Immerhin erscheine Gießen erst im zweiten Band, und der Autor habe sich bei ihm bereits dafür entschuldigt, dass er ihn nicht erwähnt habe. Im Übrigen sei das bewusst „polemische journalistische Schreibe".

Drei Dutzend Spaziergänger hatten sich eingefunden, um mit Kurzeck, der seinerzeit die Poetik-Vorlesung an der Justus-Liebig-Universität hielt, solche Orte aufzusuchen, die er in seinem Roman „Keiner stirbt" beschreibt. Haaser sah seinen Part darin, andere zu benennen, an denen bekannte Verfasser von Schriften unterschiedlicher Art wohnten: die Namen Crome, Höpfner, Klinger, Börne und manche mehr fielen. Kurzeck verzichtete auf wörtliche Eigenzitate, suchte vielmehr erzählend den Dialog, und viele nahmen das Angebot dankbar auf. „Woran Sie sich alles erinnern! Ich muss blind durch die Stadt gegangen sein", meinte eine ältere Frau.

Weitere Station: Sonnenstraße, „vorm Fuhr". Hier trödelte der Staufenberger „Fahrschüler" Kurzeck auf dem Weg in die vier verschiedenen Lehrstätten des Alten Realgymnasiums gern, besorgte sich den Märklin-Katalog und durchstöberte die Auslage. Auch im Riegelpfad, an der Wieseck oder im „Essiggässchen" hielt er sich in jungen Jahren auf.

Im Bereich des heute nur noch als Wurmfortsatz existierenden Teufelslustgärtchens kam die Kneipenszene zur Sprache mit allen Begleiterscheinungen wie Schwarzmarkt und Glücksspiel. An der Ecke Seltersweg/Wolkengasse, dort wo eine Tafel an Georg Büchner erinnert, faszinierte den Lehrling Kurzeck die Spitzweg-Atmosphäre. Vom Friseur erzählte er, der sich eines Tages entschloss, Briefmarkenhändler zu werden; hier durfte man stunden-

Peter Kurzeck mit dem Literaturwissenschaftler und Schriftsteller Dr. Rolf Haaser beim Stadtrundgang.

lang in den Alben blättern. Doch die spannendste Straße blieb der Seltersweg mit dem „Bummel"– nach festen Regeln: einmal auf der rechten Seite gehend, dann wieder links.

Weiter zur Bahnhofstraße, zum Weg entlang der Wieseck, unter den Gleisen durch. Auch hier gab es Schwarzmarkt, hausten Landstreicher, die sich den Krieg zurückwünschten. Nicht weit entfernt die Atlantik-Bar mit den Blues-Sängern und der Platz, an dem der Zirkus Althoff sein Winterquartier aufschlug.

Parkhaus Lahnstraße, oberstes Deck, Blick über die Region Gleiberg und Vetzberg, dahinter der Dünsberg. Völlig verrußt war damals das Bahnhofsgebäude. Aber im Alten Wetzlarer Weg, nach Südwesten hin, woher in Gießen das Wetter kommt, da war immer der Frühling am ehesten zu sehen und zu schmecken, in jener Straße, auf der vom Bahnhof aus die Flüchtlinge ins Notaufnahmelager gehen mussten.

Vom Teufelslustgärtchen über Frankfurt nach Paris

Peter Kurzeck: „Wenn der gestrige Tag nicht erinnert wird, dann bin ich nicht gewesen, ist mein Heute eingeschränkt"

Er macht uns vor, was Erinnern bedeutet. Er zeigt uns, wie aus dem Erinnern gelebtes und verstandenes Leben wird, er formuliert die Poesie unserer Kindheit und benennt das oftmals schmerzliche Erwachsen- und auch das Altwerden. Und der Strom seiner Heimatbilder scheint ufer- und grenzenlos.

„Ich musste weggehen, um zurückdenken zu können", sagt der Schriftsteller Peter Kurzeck, aufgewachsen in Staufenberg, Schul- und Lehrjahre in Gießen, erstes Erwachsenwerden in Frankfurt und dann hinaus in die Welt.

Doch der heute über 60-Jährige mag und will die Stätten seiner Kindheit und Jugend nicht loslassen. „Ich darf nichts vergessen, denn die Menschen, die mich leben gelehrt haben, die waren und sind noch hier", im Gießener Land. „Wenn der gestrige Tag nicht erinnert wird, dann bin ich auch nicht gewesen, dann ist mein Heute eingeschränkt", so denkt Kurzeck und so geht er durch die Straßen seiner Jugend.

*

Da gab es den Notausgang für den Lehrbuben Kurzeck, der in der Balser'schen Papierhandlung den Tag über dem Chef gehorchen musste, einer von vielen Boten- und Lehrbuben des Selterswegs. Der Notausgang aus dem Alltag indes, das waren für ihn die engen Gassen des Teufelslustgärtchens.

„Zahlreich die Werkstätten, Lagerräume und Schuppen in diesem ältesten Teil der Stadt. An jedem Schuppen

noch ein Verschlag angebaut und alles lehnt sich so anei-
nander. Die Frau Riehm hielt sich Hühner ... der Nemetsch
hat eine Karnickelzucht. Jedes Kind bringt den Karni-
ckeln den langen Tag Löwenzahn, Brotrinden, Kaugum-
mi an. Zwei alte Schlosser gibt es, dazu ein paar Kesselfli-
cker, Jahrmarktbrüder, Schaubudenbesitzer und Karus-
sellburschen sowieso. Einem neunzigjährigen Schuster
kannst du bei der Arbeit zusehen; will man ihm glauben,
so hat er sich das Schlafen vor vielen Jahren schon abge-
wöhnt. Seither nie mehr krank! ... Beim Schreiner Albert
in der Werkstatt ist Licht. Kein Wunder, er wohnt ja auch
in der Werkstatt.

Da siehst du ihn mit seiner Brille bei der Lampe sitzen
und einen Brief schreiben oder was er da schreibt. Oft die
halbe Nacht sitzt er so, Käse und Brot auf dem Tisch, eine Weinflasche, Zigaretten, die Lampe brennt. Aus allen
Ecken und Winkeln kamen Kinder herbei, so viele Kinder, richtige Stadtkinder, die sich ihren Teil der Welt spie-
lend eroberten, jeden Tag, immer wieder, genauso wie die
vielen Katzen des Teufelslustgärtchens. In den Kneipen
wurde gepokert, wilde Musik drang bis auf die Straße,
hier sprach man das Manische, hier galt ein ganz spezi-
eller Ehrenkodex: Wer darf wem aufs Maul hauen? Es war
ein Kontrapunkt zur biederen Geschäftigkeit des Selterswegs, wo sich die alteingesessenen Geschäftsleute im Familienbetrieb um ihre Kundschaft bemühten."

„Du musst dies, Du musst das", hieß es da für den
Lehrbub: Du musst früh aufstehen, Du musst strebsam
sein, Du musst vernünftig sein! In Gießen, so Kurzeck,
hatte man den Eindruck, immer unter Beobachtung zu
sein, also eigentlich kein Ort für Jugendliche. Man kannte sich in dieser kleinen Welt nur zu gut, immer dieselben
Gesichter flanierten über den Seltersweg, diese ewige,
einzige Straße der Stadt. Die meisten Leute hast du jeden
Tag wiedergesehen. Es war für die Jugendlichen halt auch
schick, auf und ab zu flanieren, die Jungen schauten nach
den Mädchen und die Mädchen nach den Jungen. Oder

Der Kiosk an der Ecke Bahnhofstraße/Schanzenstraße in den Jahren, in denen sich dort auch ein junger Mann namens Peter Kurzeck gern aufhielt, um Bilder des alltäglichen Lebens in der großen Stadt ins sich aufzusaugen.

man ging als Junge gleich zum MTV-Sportplatz, wo die Mädchen-Schulklassen den Sommer über ihren Sportunterricht hatten. Eine war immer dabei, die einem besonders gut gefiel. Verliebtsein war damals, mit 14, 15 Jahren, ein permanenter Gefühlszustand. Genauso wie die Suche nach dem Besonderen, Ungewöhnlichem im Alltag und das zeigte sich für einen wie ihn, den Beobachter und Schreiber, in der Begegnung mit anderen Menschen, ihren Lebensgeschichten, in der Begegnung mit Musik und Literatur.

Erinnert ihr Euch noch? Im Café Dolomiten saßen im ersten Stock immer zwei Perser beim Schach, das waren die Ausländer. Gießen allein reichte für den jungen Kurzeck längst nicht aus, um fremd zu sein. Immerhin: Fremdes, Verheißungsvolles boten die Amerikaner den ober-hessischen Jugendlichen. Wie Flugzeuge kurvten ihre schweren Wagen mit den riesigen Heckflossen im Schritttempo durch Gießens enge Winkel.

„Am unteren Ende der Bahnhofstraße wird's eng, an jedem Haus lockt ein Kneipenschild, Lichter, Eingänge. Oder über die Bahnhofstraße hinüber, da ist die Mühlstraße, da gibt es die Bierbar, die Bier-Bar kennt jeder Ami. So kommt es, dass die Abende und mit den Abenden die Ami-Schlitten stets von Neuem und immer noch mal durch die Löwengasse durchkommen. Und glitzern und drängen sich an den Ecken und in unserem Gedächtnis. Das ist wie bei einem Karussell, Musik auch … jeder Abend dreht und dreht sich vorbei und fängt immer wieder von vorne an, ein langes Leben."

Die Amerikaner, die hatten damals schon in ihren Straßenkreuzern elektrische Scheibenheber, lässig hing der Arm aus dem Fenster und der Plattenspieler im Auto dröhnte mit unbekannter Musik. Whiskey-Flaschen kreisten versteckt in Papiertüten. Nimmst du mich, den Bub vom Land, mit in deine Lieblingskneipe? Damals übrigens streng getrennt für weiße und farbige Amerikaner. „Im Ramona haben sie eine neue Musicbox. Die Tür offen. Roter Stoff an den Wänden. Immer Tanzmädchen im Ramona. Die Kleider wie Blumensträuße. …Kommt der Abend in Gang? Und gegenüber im Bel Ami. Von allen Seiten Musik. Im Bel Ami wird gepokert, man kann mit finsterem Blick und mit einer Spielzeugknarre in der Tasche jederzeit ein Vermögen gewinnen."

Schallplatten aus den PX-Läden mit amerikanischer Bluesmusik, wie seltsam verloren diese Stimmen doch klangen, das Amerikahaus mit seiner Bibliothek, aber auch die Stadtbücherei. All das zusammengenommen gab dem jungen Peter zu dieser Zeit eine Ahnung davon, wie anders die Welt außerhalb Oberhessens noch sein könnte. Mit 16, 17 Jahren bewunderten er und seine Freunde die farbigen Blues-Sänger, die mit der Musik und ihrer Stim-

Peter Kurzeck, längst mehrfach ausgezeichneter Schriftsteller, vermag nicht nur mit Worten exzellent umzugehen: Hier eine 1963 gefertigte Skizze aus seiner Feder, die den Bahnhofsvorplatz mit dem Café Schwarz zeigt. Im Grunde genommen schon wieder eine Geschichte für sich, ein Anstoß, um ins alte Gießen einzutauchen, in den Raum der eigenen Erinnerungen.

me ihren Lebensunterhalt verdienten. Wie desolat sie oftmals wirkten, sie, die nicht wussten, ob sie überhaupt eine Rückfahrkarte in die USA besaßen. Trinker waren die meisten von ihnen, doch die Gießener Jugend merkte schnell, welche Kraft, welcher Überlebenswille trotz allem in ihnen steckte.

Ein Sänger, der sein Leben in seine Musik hinein erzählt, ist nicht verloren, der ist gerettet für immer, egal wohin er zieht. Was für exotische Biografien es doch im kleinen Oberhessen gab, Biografien, die einen zum Staunen brachten.

In Gießen war alles vorgeschrieben, auch vorherbestimmt? Erst in Frankfurt konnte man sich fremd fühlen, hier traf man Menschen aus allen Ländern, hier ereignete sich das Undenkbare.

Erinnern Sie sich? Im Gießener Bahnhof, da gab es einmal am Tag den Zug, der bis zum Meer fuhr. Wie eine frische Brise wehte diese Möglichkeit des Fortkommens über die rußig-schwarzen Bahnhofsgebäude, deren dunkle, dreckige Farbe sogar die umherfliegenden Spatzen angenommen hatten. Bei Regenwetter hinterließen sie kleine schwarze Pfützchen.

Dicht der Abendverkehr in der Frankfurter Straße. Das Eisenbahnbrückchen, die Bahnschranken. Dauernd auf und zu die Bahnschranken. In Scharen die Leute zum Bahnhof. Müd heim am Abend. Mit Bauerngesichtern. Zu den Zügen nach Wetzlar, Herborn, Dillenburg. Man muss sich beeilen und muss sich zusammenrappeln, dem Zug nach. Die Stadtbusse kreisten, hellblau, mit Oberleitung, fünf Linien.

„Du musst lernen, dich in der Welt zu bewegen, und in deinem eigenen Kopf – als ich 18 Jahre alt war, bin ich nach Paris gefahren, um mir zu beweisen, dass es Paris tatsächlich gibt, und ich bin aufgebrochen, weil ich zu diesem Zeitpunkt sagen konnte, für Euch alle, die Ihr mir Vorschriften macht, für Euch bin ich nicht auf dieser Welt, sondern für mich selbst. Immer wird einem gesagt, was man der Gesellschaft schuldig ist, gesagt wird aber nie, was man sich selbst schuldet!"

Vom Teufelslustgärtchen über Frankfurt nach Paris – das war ein Überprüfen der Fantasien, die in Gießen gewachsen waren, das war ein Fortgehen, um irgendwann anzukommen.

Eine kleine Imbissbude im Seltersweg als Goldgrube – und endlos viel Freiheit

Mit Manfred Aulbach vom Kugelberg nach dem Krieg durch die Altstadt in den 50ern bis ins „Scara" 1973

Das legendäre Riegelpfad-Geschehen am 31. August 1973 um kurz vor 19 Uhr, den Polizeieinsatz aus einem Güterzug heraus gegen die örtliche Drogenszene, erlebte Manfred Aulbach von einem Logenplatz aus: Der Mann aus dem Musikantenviertel im Süden der Stadt war in jenen Tagen im Krankenstand und wegen einer Nasenoperation Patient im katholischen Schwesternhaus an der Liebigstraße, von der besagtes Gässchen zum Bahndamm hin abzweigt. Blick auf ein vertrautes Pflaster, über das Aulbach oft und oft gegangen war, erstmals 1944/45. Er zählte 1962 als 21-Jähriger zu den ersten Besuchern des „Scarabée"-Kellers, war später – wann immer es das lediglich philosophisch interessante viersemestrige Mathematik- und Physik-Studium in Berlin zuließ – einer der nimmermüden Gießener Nachtpendler, dauernd unterwegs zwischen Essiggässchen und Westanlage. Dort hatte Mitte der 1960er-Jahre ein weiteres, mit starker Anziehungskraft ausgestattetes Kellerlokal eröffnet, das „Haarlem", gleich neben Ringel & Sohn und hinter der VK-Tankstelle mit ihren gelb-schwarzen Zapfsäulen. Aber auch in den 1970ern war Aulbach Stammgast in beiden Tanz- und Musikläden – während seines 26 (!) Semester dauernden sozialwissenschaftlichen Studiums mit Abschluss als Magister an der Liebig-Universität Gießen. Dass er im „Haarlem" auch seine spätere Frau Barbara kennenlernte, sei hier nur am Rande vermerkt.

Schoben die Jungs weiland beim nächtlichen Hin-und-her-Treiben zwischen Riegelpfad und Westanlage Kohldampf, kehrten sie im „Dortmunder Eck" an der Bahnhofstraße ein – in einer der ersten Gießener Pizzerien. Der belegte Teigfladen kostete 2,50 Mark, neben Spaghetti die italienische Nationalspeise schlechthin.

Beinahe hätte es mit einem dritten und nicht minder bemerkenswerten Nacht-Keller-Lokal eine Überschneidung gegeben. Mehr oder weniger vis-à-vis vom „Dortmunder Eck" war etwa zwischen 1958 und 1965 das „Lascaux". Der Besitzer war ein gewisser Karl-Heinz Blaufelder, ein Mann mit „Existentialistenbart". Das Lokal war in einem Kellerlabyrinth des Trümmergrundstücks gleich neben dem „Dachsbau" eingerichtet – mit von Blaufelder ziemlich exakt nachgezeichneten Höhlenzeichnungen der Höhle von Lascaux und mit Ziegenfellen an den Wänden. Man lief erst auf einem Trampelpfad durch die Häuserreste nach hinten und stieg dann die Treppen hinunter in den lang gezogenen Keller. Aulbach meint sich gar zu erinnern, dass um 1960 oben, zwischen den Mauerresten, Tische und Bänke aufgestellt waren: Gießens erster, zudem exotischer Biergarten!?

Das Maß der Dinge aber blieb das an anderer Stelle dieses Buches ausführlicher erörterte „Scara", wo das Publikum zunächst sehr distinguiert auftrat – seriös gekleidet, die jungen Männer mit Krawatte, die Frauen in Röcken oder Kleidern. „Ein mächtiger Laden" sei es gewesen, erinnert sich Aulbach, „nicht von der Größe, allein vom Feeling her: Die Auswahl der Beat- und Unterhaltungsmusik dort erfolgte zumindest in den 60er-Jahren mit viel Gefühl." Und sie war aktuell. Das Lokal im Riegelpfad spielte beispielsweise als erstes in Gießen die Beatles. „She loves you" habe er dort 1963 gehört und am nächsten Tag umgehend gekauft. Wo? Beim Schallplatten-Ruhl. Womöglich bei Frau Schäfer, jener Dame, die selbst Kunden zufriedenstellen konnte, die zwar nicht den Titel einer „Scheibe" kannten, wohl aber die Melodie summten, pfiffen oder sangen.

Man kann so schön abschweifen, wenn man sich in diese Gefilde begibt.

*

Manfred Aulbach, Jahrgang 1941, ist ein lebhafter Erzähler und ein unbedingter Zeitzeuge für die in jeder Hinsicht spannenden Gießen-Jahre während der Pubertät der Republik. Nicht zufällig titelte die Illustrierte „Quick" einmal in den frühen Fünfzigern: „Gießen – das Shanghai an der Lahn". Wenn Aulbach von Schwarzhandel und Prostitution redet, vom Leben in den Altstadtgassen zwischen Seltersweg und Bahnhofstraße, vom Alltag in dieser Zeit, dann ist das authentisch – denn er war unmittelbar dabei, er war Teil dieses derben Mikrokosmos.

1996/97 trug er einen Teil zum Buch-Projekt „Als Amerika nach Gießen kam" bei. Irgendwie sei es mit dem Erinnern etwas Besonderes: Es gebe Vorgänge, die man, da scheinbar bedeutungslos, vergessen habe, und solche, die sich fest in einem verwurzelt hätten. Unauslöschlich. Bei Bedarf präsent, als hätten sie sich erst gestern zugetragen. Durch das „Amerika"-Interview mit Miriam Pagenkemper sei es ihm gelungen, erzählt er, die immer noch lebhafte Erinnerung an die ersten Jahre nach dem Krieg „in meine bewusste Identität zu integrieren".

Hammerhart dieses Geschehen, kein Zuckerschlecken. Aulbachs ledige Mutter, Jahrgang 1917, war im Jahr seiner Geburt von einem Dorf bei Aschaffenburg nach Gießen gezogen, wo Gretel wohnte, eine ihrer Schwestern. Die Mutter lebte mit ihm – bis zur Bombennacht 1944 – in einer kleinen Wohnung am Seltersweg, arbeitete als Postbotin. Gemeinsam mit ihrer Schwester und deren Familie kamen die Aulbachs in den Riegelpfad. Nach dem Krieg fand Agnes Aulbach für sich und ihren Sohn am Kugelberg eine leer stehende, halb kaputte Wohnung. „Unsere neue Bleibe bestand aus drei Räumen mit Flur, Toilette und zwei Kellerräumen nebst Waschküche. Die Küche mit Fenster zur Straße war bis 1948 nicht benutzbar; eine Bombe hatte die Außenmauer zerstört. Das Loch wurde mit Brettern vernagelt, der Raum dahinter, die „alte Küche", diente zunächst als Versteck für Schwarzmarktwaren und Dollars."

Als 1946 die Amerikaner in diverse Kasernen und Gebäude an der Licher Straße einzogen, bestritt Mutter Aulbach ihren Lebensunterhalt schnurgerade mit dem Verkauf und Ausschank von Schnaps, den sie „irgendwo schwarz und billig" eingekauft hatte. Überleben, egal wie. Mit viel Geschick und Erfolg: Bald füllte sie die Flaschen selbst ab, beklebte sie mit Fantasie-Etiketten, die Sterne trugen, und einem Deckel aus goldfarbenem Stanniol, damit der Schnaps „original" wirkte.

1948 wurde die bis dahin reparierte Küche zur „Kneipe" umfunktioniert, während ein anderes Zimmer, zuvor „Geschäftsraum", an – so Aulbach – „missgünstige, buckelige Untermieter" abzugeben war, „die jeden gezogenen Flaschenkorken zählten und an die Stadt meldeten". Gleichwohl: Es wurde Schnaps ausgeschenkt, es wurden Kaffee und Zigaretten getauscht. Die „Butze" war ein Treffpunkt für Gelegenheitsprostituierte, anfangs, 1946/47, vor allem ehemalige Zwangsarbeiterinnen aus Polen, und deren Freier, ausnahmslos farbige US-Soldaten. Die Liebesdienste wurden im Keller erbracht, hin und wieder auch auf der Couch in der Küche. „Meine Mutter versuchte, mich aus diesen Geschäften herauszuhalten. Wenn sich gegen Abend die Küche mit Leuten füllte, wurde ich hinausgeschickt." Die Kundschaft wechselte ständig. Manchmal ging es bei Aulbachs zu wie in einer Herberge, denn gegen Entgelt durften Frauen dort auch übernachten.

Den Knaben belastete die Situation eigentlich nicht, sagt er, für ihn war das Dasein in dieser Nachkriegswelt ein stetes Staunen. Sein zweites Zuhause waren die Trümmergrundstücke, echte Abenteuerspielplätze. Die Gegenwart der Amerikaner konnten er und seine Mutter als Glücksfall verbuchen: Die Fremden brachten Hershey-Schokoladentäfelchen und als Sirup, in der PX-Außenstelle an der Grünberger Straße (später Pizzeria „Capri") gab es – ausschließlich für die Besatzer und deren Familien – Coca-Cola im Sixpack. Aulbach lernte gesalzene Erdnüsse und Corned Beef in Dosen kennen, unterschied nach der Dosenfarbe zwischen grünem Lyons- und rotem Maxwell-Coffee. „Not und Hunger habe ich in dieser Zeit nicht kennengelernt. Es gab ständig etwas Neues, Aufregendes für ein Kind in meinem Alter."

*

1950 folgte – eigentlich wider Willen, auf Drängen nörgelnder Nachbarn – der Wechsel in die Innenstadt. Ein neuer Lebensabschnitt: Agnes Aulbach und ihr Sohn übernahmen die Wohnung ihrer Schwester und deren Familie im Teufelslustgärtchen 18, während diese im Austausch an den Kugelberg gingen. Das Teufelslustgärtchen war damals eigentlich keine Gasse, sondern ein freier Platz zwischen Löwengasse, Katharinengasse und Seltersweg – sozusagen ein großer Hinterhof, einer Freiluft-Theaterkulisse gleich. Da war immer was los. Im Zentrum besagter Szenerie, im „alten Haus von Rocky Tocky", einem gelben, feuchten Lehmhaus, wohnten auch Frauen, die mit Amerikanern verkehrten. Eine von ihnen hatte drei Kinder von drei verschiedenen Männern. Nun ja, das soll's heute noch geben. Aber es gab jede Menge Kneipen, nach und nach neue Geschäfte, das Kino „Gloria" am Ende des Seltersweges, dort in der Nähe war der Spielwaren-Fuhr, die Kathedrale des Kinderglücks.

Für die Aulbachs begann in der Innenstadt eine völlig andere Zeit. Oder sollte man Quantensprung sagen? Durch den Schwarzhandel und besagte Frauen-Dienstleistungen hatte sich die Mutter Geld zusammengespart: 1950 erwarb sie davon für 1000 Mark eine Wurstbude, die zunächst an der Ecke Seltersweg/Plockstraße stand (Trümmergrundstück Kunstgewerbe Bach, später u. a. Buchhandlung Montanus). Ideal: Vom Teufelslustgärtchen war's entlang der Trümmerpfade nur ein Katzensprung bis zum Geschäft. Das erwies sich schnell als kleine Goldgrube – in der allerdings die couragierte Mutter und, nach der Schule, der Sohn hart anpacken mussten. Von frühmorgens bis gegen

Agnes Aulbachs Wurstbude an der Ecke Seltersweg/Plockstraße um 1952:
Das Geschäft erwies sich schnell als kleine Goldgrube – in der allerdings die
couragierte, sparsame Mutter und, nach der Schule, der Sohn hart anpa-

Reine Fleischw
hergestellt aus
einem Rind-u. Schwe

H. warme Wurst
H. Brat —   „

Coca-Cola
Bier
Apfelsaft
Limonaden
Selters
Vollm. Nuss- Sch
Div. Liköre-u. ?
zu orig. Pe
Zigarren, Zigar
I° Fleischb

*cken mussten. Von frühmorgens bis gegen 23 Uhr, wenn beispielsweise die
Kino-Besucher und andere Nacht-Eulen zu versorgen waren.*

23 Uhr, wenn beispielsweise die Kino-Besucher und andere Nachteulen noch zu versorgen waren. Die Öffnungszeiten waren unregelmäßig. Apropos: Weil eben zunächst nicht alles geregelt war, empfindet Manfred Aulbach heute die Jahre bis 1957 als „kurze Phase der Freiheit in Deutschland".

45 Pfennige kostete die Wurst, hergestellt von der Landmetzgerei Kratz in Nieder-Ohmen im Vogelsberg, gebraten in einer großen rechteckigen Pfanne, die auf zwei Elektrokochplatten stand. Der Komfort war bescheiden. Von wegen Wasser aus der Leitung: Das musste der Junge immer eimerweise gegenüber in der „Nordsee" holen. In der Bude, mitten in Manfreds Innenstadt-Revier, bot Mutter Aulbach keineswegs nur Wurst an, sondern auch Tabakwaren und Spirituosen, Weine und Bier, Limonade und Mineralwasser und Schokolade. Was der Mensch in der Stadt und das flanierende Publikum vom Land so brauchten...

Bemerkenswert: Agnes Aulbach bediente dank der Einkünfte aus dem Wurstbüdchen ganz zielstrebig einen Bausparvertrag, konnte bereits 1956 ein Grundstück in Bergwerkswald-Nähe erwerben, worauf sie 1958/59 ein Zweifamilienhaus errichtete.

Welch eine Geschichte, welch eine Dynamik. Noch ein Jahrzehnt zuvor hatte diese sparsame, zielstrebige Frau ihren Lebensunterhalt mit wohlmeinender Zuhälterei und Schwarzhandel bestritten!

*

Manfred Aulbach – das ist nicht nur ein profunder Gießen-Kenner früherer Jahre, ein Mann mit sehr illustrer Biografie, ein „68er", der in den Tagen dieser gesellschaftlichen Umwälzung weitgehend als Student in Berlin lebte, also im besten Sinne am Puls der Zeit. Das ist auch ein langjähriger Weggefährte des zuvor ausführlich beschriebenen Schriftstellers Peter Kurzeck.

Die Löwengasse, von der nach rechts – gleich hinter der Baracke mit dem Strumpflädchen darin – das Teufelslustgärtchen abzweigte, von Aulbach nur „das Eck" genannt. Dort ging's zum „Alten Haus von Rocky-Tocky", wo er mit seiner Mutter wohnte. Die Löwengasse mündete, jenseits des „Bel Ami", in der Bahnhofstraße.

Und das ist wieder eine ganz andere, eine eigene, nicht minder packende Aulbach-Geschichte. An deren Beginn steht die Freundschaft mit Jürgen Klaus, einem Bohemien, den er 1965 in München kennengelernt hatte und der von 1967 an vorübergehend wieder in Gießen in einem Zimmer in der Wilhelmstraße, an der Ecke zur Frankfurter wohnte. „Nachts, nachdem das ‚Scarabée' dichtgemacht hatte, gingen wir noch zu ihm. Er hatte dort ein tolles Gemälde von seinem, mir damals unbekannten Freund Peter Kurzeck hängen: ‚Thionville'. Peter war ein ausgezeichneter Maler." Kurzeck hatte er dann 1968 persönlich kennengelernt, übrigens im „Fass", einem Weinlokal in der Frankfurter Straße. Und von 1972 an waren sie über ein paar Jahre hinweg ziemlich eng befreundet, gingen gemeinsam durch dick und dünn.

Besagter Jürgen Klaus hatte „nach all seinen aufregenden Revoluzzer-Zeiten, wozu 1974 auch ein Jahr hinter Gittern zählte, Anfang der 1990er-Jahre seinen Frieden in einer kleinen Sozialwohnung in Frankfurt-Bockenheim gefunden". Bis dahin war dessen Leben auch einmal von einem Intermezzo in Südfrankreich geprägt, wo er auf dem Land zusammen mit seiner damaligen französischen Freundin Pascal eine kleine Feinschmeckerkneipe aufmachte. Bekannteste Spezialität Jürgens in der Region: Lapin, also Kaninchen. In Kurzecks Buch „Übers Eis" wird davon erzählt. Jürgen Klaus starb 1998 an Leukämie.

Zurück zu Aulbach und Kurzeck. Als in den frühen 1980ern in der Plockstraße das neue Grünen-Zentrum zu renovieren war, hatten Aulbach und Barbara, die Frau an seiner Seite (mit ihr ist er seit 1979 zusammen und seit 1984 verheiratet), zu den tatkräftigen Aktivposten gezählt. „Unser Einsatz imponierte Ute, deren Familie mit einer anderen Familie ein altes Bauernhaus in Fraissinet bei Florac in den Cevennen besaß. Sie war daran interessiert, dass wir dort im Sommer wohnen könnten, bis sie im Herbst selber kommen wollten. Einzige Bedingung: Wir sollten für Holz aus dem nahe gelegenen Wald sorgen, damit sie im Herbst den riesigen Kamin einheizen konnten. Das ließen wir uns nicht zweimal sagen."

Kurzeck, dessen damalige Lebensgefährtin Sybille und beider Tochter Carina seien später nachgereist: Der Anfang vom Ende, im Sommer 1982, nach zehn Jahren guter Männer-Freundschaft. „Peter hatte sein zweites Buch – ‚Das schwarze Buch' – abgeschlossen und das Manuskript beim Verlag ‚Roter Stern' in Frankfurt abgeliefert. Er war ziemlich fertig, hatte so gut wie keine Lust, sich an den Arbeiten zu beteiligen – unter anderem am Holzlesen." Stattdessen habe der Feingeist beliebt, die kleine Gemeinschaft im Sonnenschein am Frühstückstisch mit Geschichten zu unterhalten.

Noch einmal Alt-Gießen, von Aulbach aus der Wohnung „im Eck" fotografiert, nachdem ihm seine Mutter 1954 zu Weihnachten eine „Baldinette" geschenkt hatte, eine solide Standard-Kamera, für die bei Winterhoff am Kreuzplatz etwas über 100 Mark zu bezahlen waren.

Was ja alles gut gegangen wäre, hätte der Schriftsteller Aulbach gegenüber nur einmal die Bitte geäußert, dass dieser seine Arbeiten für ihn mit erledigen möge. Eines Spätnachmittags sei Kurzeck mit einem langen Ast aus dem Wald zurückgekommen. Aulbach, der eben Holz hackte, blaffte Kurzeck an: „Was ist denn das für ein juristisches Stück Holz, das Du hier anschleifst? Das wärmt doch niemanden!" Woraufhin der seinerzeit schon nicht mehr in Staufenberg, sondern in Frankfurt beheimatete Schriftsteller mit den Seinen beschlossen habe, via Provence die Heimreise anzutreten.

Das literarische Werk des früheren Freundes, der mittlerweile längst ein gefeierter, mit Preisen überhäufter und erfolgreicher Autor ist, beurteilt Aulbach differenziert: „Ich bin nicht sein Jubelperser." Die Erzählung

über Mischas Kneipe, das „Henninger Quick" im Seltersweg, sei beispielsweise Weltliteratur. Zweifelsohne sei es
dem um zwei Jahre jüngeren Poeten Kurzeck auch gelungen, das Gießen und vor allem Staufenberg der 1950er-
und 1960er-Jahre von einer besonderen Warte aus zu beobachten und in einem ganz eigenen sprachlichen Duk-
tus zu beschreiben. Wenn aber das Feuilleton gern einen
„sanftmütigen Protokollanten des Alltags" feiere, könne
er, Aulbach, dies so nicht unterschreiben.

*

Und schon treffen – bei der Unterhaltung im Frühjahr
2008 mit Aulbach auf der Terrasse des von der Mutter 50
Jahre zuvor errichteten Hauses im Musikerviertel – die
Erzählungen des einen und die Erinnerungen des anderen
zusammen. Die alten Freunde treffen noch einmal zusammen, sozusagen virtuell, nicht unmittelbar. Der Hausherr
zeigt eine von Kurzeck gefertigte, colorierte Zeichnung
des Bahnhofsvorplatzes mit dem Café Schwarz und Fotos aus der gemeinsamen Zeit. Die Rede kommt auf Abra-
hams und Mischas Henninger-Kneipe, in der es leckeres
Schaschlik gegeben habe. Auf einen Bekannten aus der
Mühlstraße, der zum Dunstkreis der kleinen Teufelslust-
gärtchen-Welt gehörte und der sein Liebesglück gern und
sehr erfolgreich „im E-Heim" versucht habe, dem Haus
Elisabeth am Wartweg, in dem aus der Ostzone geflohene
junge Frauen unter dem Dach der Kirche eine erste Un-
terkunft und Zuwendung fanden. Auf die von Amis und
Deutschen frequentierte „Express-Halle" in der Frankfurter Straße mit einer in jeder Hinsicht optimal – Beat
und „Schmuselieder" – und immer aktuell bestückten
Musikbox. Auf Gustav Geisse, in dessen Laden im Seltersweg Jung-Manfred für die Mutter den Alltagseinkauf
diverser Waren im Großhandel für die Wurstbude erledigt
hatte.

Und auf den Riegelpfad, in dem der Knabe mit der Mutter nach der Bombennacht untergekommen war, in dem später das „Scarabée" eine vom ersten Tag an gern frequentierte Anlaufstelle des Twens „M. A." war, und auf die er schaute, als er sich – gegenüber – im Josefskrankenhaus von den katholischen Schwestern gesundpflegen ließ, währenddessen draußen die Polizei beste Ware aus dem Handel nahm …

Manfred Aulbach mit Jürgen Klaus (†) und Peter Kurzeck 1988 bei einem Spaziergang in der Nähe von Bockenheim.

1951 von Thessaloniki aus
nach Gießen – der Liebe wegen

**Aspasia Hinüber, geborene Stefanopoulou, hatte
für die Menschen um sich herum immer ein offenes Ohr**

Ob sie wusste, was mit „Multikulti" gemeint ist? Wohl
nicht. Den Begriff kannte sie gar nicht, aber da es bei
ihr, um noch ein weiteres Schlagwort unserer Tage zu be-
nutzen, keine „Berührungsängste" gab, begegnete sie jedem, der offen, höflich und herzlich auf sie zukam, mit jener Liebenswürdigkeit und Gastfreundschaft, die ihr an-
erzogen war, denn sie kam aus einem Land, in dem das
Wort für Fremder und Gast dasselbe ist: Xenos.

Aspasia Hinüber, geborene Stefanopoulou, kam aus
Griechenland. Und im Februar 2008 gab es Anlass, um sie
zu trauern: Aspasia starb im Alter von 86 Jahren. In der
Kapelle auf dem Gießener Neuen Friedhof begegneten sich
Trauernde – Tränen in den Augen, Abschiedsblumen in den
Händen –, denen es gerade da erst klar wurde, dass sie von
einer gemeinsamen Freundin Abschied nahmen, so weit um-
fassend war der Kreis derer, die Aspasia um sich geschart
hatte, deren Liebe, Zuneigung und Aufmerksamkeit jedem
Einzelnen sicher war. Ein orthodoxer Geistlicher konnte sich nicht entschließen, an ihrem Sarg zu sprechen, aber
man soll nicht hadern, so sehr wir es der tiefgläubigen Aspasia gewünscht hätten, in deren „Adyton" zu Hause, ihrem
„Allerheiligsten", vor einer Ikone ein ewiges Licht brannte.
Zur Ökumene ist es wohl noch ein langer Weg.

*

Aspasia kam 1921 auf die Welt – in Adrianopolis, damals noch griechisch und heute als Grenzort Edirne tür-
kisch –, aber in einem Rahmen wie diesem sind die Ereig-
nisse dieses „Schicksalsjahres" für Griechenland und die

Türkei nicht detailliert wieder-
zugeben. Aufgewachsen ist sie
in Thessaloniki, man darf wohl
sagen, als höhere Tochter. Woran erkennt man eine solche? In
Griechenland gilt der Spruch:
„Sie spielt Klavier und lernt
Französisch." Das mit dem Klavier stimmt und wird für den
weiteren Lebensweg von Aspasia von entscheidender Be-
deutung sein, Französisch wissen wir gar nicht so recht, aber
Deutsch auf alle Fälle, und das
sollte ihr Schicksal prägen.

*Aspasia (links) im März 1945
am Nationalfeiertag in grie-
chischer Tracht.*

Aspasia hatte zwei Schwestern. Auch diese bekamen Namen aus der antiken grie-
chischen Welt. Aspasia, die wir
heute auf dem I, und nicht altsprachlich auf dem zweiten A betonen, war die Frau des Perikles; Helena, genannt Eleni, entfachte durch ihre traumhafte Schönheit
und den Raub durch Paris weg von Menelaos den Troja-
nischen Krieg, und Penelope war es, die treu und keusch –
aller Freier zum Trotz – zwei Jahrzehnte auf ihren Gatten
Odysseus wartete.

Im Zuge des Zweiten Weltkriegs kamen die Deutschen
nach Griechenland, nach Thessaloniki, und beförderten
die jüdische Bevölkerung – und das waren nach spanischen
Pogromen früherer Zeiten nicht wenige – ins KZ. Aspasia,
als Dolmetscherin bei den Deutschen tätig, verliebte sich
in Gerhard, und der geneigte Leser ahnt es: Mit Nachna-
men hieß der Hinüber. Treu und keusch, das waren eigentlich die Attribute von Penelope, aber Aspasia machte sie
sich auch zu eigen, wartete auf Gerhard, der dem Kriegs-
verlauf folgend 1944 fliehen musste, dann in Gefangen-
schaft geriet, sich aber 1950 bei ihr schriftlich meldete.

Aspasia hat darüber nie gesprochen, aber klarmachen muss man sich das schon: Anfang der 50er-Jahre macht sich eine um die dreißig Jahre alte griechische Frau, die weiß Gott (auch darüber hat sie nie etwas gesagt) eine „gute Partie" zu Hause hätte machen können, per Eisenbahn auf den Weg nach Deutschland, nach Gießen, mit der ersten Perspektive einer Wohnung in der Bahnhofstraße. Alte Gießener wissen, welche Tristesse in der zerstörten Stadt auf die mediterrane Sonnenseligkeit folgte. Immer wieder betonte Aspasia ihre Dankbarkeit gegenüber Erna und Karl Schäfer, denn hier hat sie gelernt, wie Rouladen gemacht werden und Salzkartoffeln – und was es sonst noch an deutschen Speisen gibt.

1952 wurde Vassos geboren, 1954 Alexandros – Jungs mit griechischen Namen, so wollte es ihr Mann. Und mit den beiden Buben, die sich eigenem Bekunden nach als Deutsche fühlen, sollte die deutsche Verankerung sich manifestieren.

1966: Ein weiteres Schicksalsjahr. Die Familie verunglückt auf dem Weg in die griechische Heimat auf dem heimtückischen Autoput in Jugoslawien. Die Söhne erzählen heute, dass ihre schlimmste Angst die war, nicht zu wissen, was mit den Eltern geschehen ist – es gab keinen Kontakt. Gerhard Hinüber wird sich von den schlimmen Ereignissen nicht wieder erholen, bleibt Invalide und stirbt zehn Jahre darauf.

*

Jetzt liegt die Verantwortung für die Familie allein bei Aspasia. Und sie packt an. Ihre Schwester Penelope ist Pianistin, ihre Nichte Maria ebenso, Neffe Dimitri Flötist. Aspasia wird, dem Familienauftrag folgend, als Klavierpädagogin tätig, und Generationen von Schülern, vor allem aber Schülerinnen, wurden von ihr in ihrem Haus in der Carl-Franz-Straße im Klavierspiel unterwiesen. Aber das ist nur die halbe Wahrheit. Für ihre Schüler war Aspasia

Aspasia Hinüber im Kreis einiger ihrer gelehrigen Klavierschüler.

auch eine Vertraute. Für alles, was man in der Pubertät (ein blödes Wort) daheim mit den Eltern nicht unbedingt besprechen konnte, hatte Aspasia ein offenes Ohr, hörte geduldig zu und gab „mütterlichen" Rat. Der das schreibt, hat sich auch jenseits (oder diesseits?) der Pubertät über Aspasias aufmunternde Worte immer gefreut. Beim Tode der Eltern schrieben viele liebe Zeilen, aber niemand formulierte so herzlich und innig wie Aspasia.

Aspasia gehörte – wie auch anders – zur Deutsch-Griechischen Gesellschaft, war ihr Ehrenmitglied, seit die Gießener Sektion eigenständig wurde. Sie gehörte zu den treuesten Besuchern der Vorträge, zeigte bei den Tanzkursen allen, dass man die vertrackten Rhythmen zwar lernen kann, dass es aber überhaupt nicht schadet, wenn man sie von Kindesbeinen an erleben durfte. Auch nahm sie an den Exkursionen in ihr geliebtes Griechenland teil, sicherlich auch, um ihr verstecktes Heimweh ein wenig zu lindern, unter dem sie zumindest anfangs litt. Erzählt hat sie davon niemandem, das ging doch auch keinen etwas an.

Auf diesen Reisen war Aspasia, schon des muttersprachlichen Vorsprungs wegen, neben den offiziellen Lei-

tern der Mittelpunkt, und sie konnte schon recht ungnädig sein, wenn ein flapsiger Ober auf Rhodos sie wie eine
weinselige skandinavische Economy-Touristin behandel-
te. Nein, sie wollte den Mitreisenden „ihr" Griechenland
von der besten Seite zeigen, ohne plumpe Anbiederung,
sondern mit der herzlichen Gastfreundschaft, die Aspasia
auch in ihrer deutschen Umgebung pflegte.

1984, nachdem Aspasia mit ihrer griechischen Familie den Karfreitag begangen hatte, einen Tag, dessen Ri-
tuale auch einem Nichtorthodoxen tief unter die Haut gehen, flog eine Gießener Gruppe auf abenteuerlichem Trip
mit vielfachem orthodoxem Kreuzschlagen nach Samos.
Die Osternacht stand an und wurde in einem Kloster begangen, wobei der Papas seiner Zeit voraus war, weil seine
liturgischen Gesänge schon vor Mitternacht vorbei waren,
mitten dabei Aspasia, die endlich einmal wieder zu Ostern in ihrer Heimat war. Und Ostern hat in Griechenland
eben den Rang, den bei uns Weihnachten einnimmt.

Damals fasste Aspasia den Entschluss, neben dem Klavierspiel in Gießen auch die Sprache ihres Landes zu ver-
mitteln, in einem Freundeskreis, einmal im Monat sonntags. Dazu gab's ein Tässchen griechischen Kaffee, ein
Stückchen Kuchen, und wer wollte bekam auch einen Ou-
zo, und die männlichen Teilnehmer wollten eigentlich immer. Auch hier war Aspasia der Mittelpunkt, und wenn je-
mand – weibliche Teilnehmer zumeist – dieses Forum für
eigene Interessen nutzen wollte, dann wurde Aspasia bei
aller gebotenen Höflichkeit auch schon einmal, das Wort
fiel bereits, ungnädig.

Aspasia Hinüber, geborene Stefanopoulou, kannte vor
sechs Jahrzehnten keine Satzung einer Deutsch-Griechischen Gesellschaft, weil's die nicht gab, sie kannte nicht
den Begriff der Jumelage, der Städtepartnerschaft, weil's
die nicht gab. Sie hat sich 1951 in Thessaloniki in den Zug
gesetzt, um einige Tage später in Gießen anzukommen. Es
kann eben nicht nur der Glaube, sondern auch die Liebe
Berge versetzen.

Die Tochter des Rosenkavaliers – oder: Sonntags ging's in den Saalbau

Erinnerungen an eine Kindheit in der Ludwigstraße – Karl Noll verkaufte am Kiosk auch Blumen

Die große Kastanie auf dem Platz vor ihrem Elternhaus steht noch, und in unregelmäßigen Abständen rollt ein Zug auf dem nahen Bahndamm vorbei nach Alsfeld oder Fulda, Gelnhausen oder auch nur nach Lich. Morgens und abends ist der motorisierte Verkehr an dieser Stelle in der Ludwigstraße besonders stark: Ein paar hundert Meter weiter die Straße hinauf beginnt das Klinikviertel, wo tausende Menschen Arbeit haben. Ganz zu schweigen davon, dass fast rund um die Uhr bald alle Stunde, mindestens einmal ein „Sanka" mit Blaulicht und Martinshorn vorübereilt. Darüber hinaus ist zu späterer Stunde hier eine Menge los, wenn die Nachtschwärmer die Kneipen und Bistros des Viertels aufsuchen, in der Ludwigstraße oder im Riegelpfad, wenn sie von dort, ein paar Gläser Bier und angenehme Begegnungen später, den Heimweg antreten.

Ihr Elternhaus, das ist lang her, war eigentlich nur das oberste Stockwerk in der rechten, südlichen Seite des Gebäudes. Da gab es im Erdgeschoss noch nicht die „Zwibbel" mit dem anheimelnden Biergarten. (Ja, selbst diese Legende ist passé: Wer mittlerweile dort einkehrt, der geht ins „Melchiors".)

Und sie – das ist eine liebenswerte Gießenerin, in deren Biografie sich womöglich viele andere Gießenerinnen ihrer Generation wiederfinden. Aber nur fast: Sie nämlich war die Tochter des Rosenkavaliers – und davon kann sie stundenlang erzählen. Am besten nach einem Blick auf das kleine gerahmte Foto auf der Anrichte: Es zeigt einen Mann um die fünfzig, die Haare über dem markanten Gesicht nach hinten gekämmt, die Augen am Betrachter vorbei in die Ferne gerichtet, das weiße Hemd bis oben zugeknöpft und mit einer Krawatte um den Hals, die Ärmel bis über die Ellenbogen hinaus umgeschlagen, in der linken Hand, die auf der rechten ruht, eine glimmende Zigarette. Er sitzt in einem Kiosk, seinem Kiosk. Neben ihm, auf dem Tresen, stehen einerseits Getränkeflaschen, andererseits ein Korb voller Kirschen. Auch ohne Rosen weiß man: Das ist er, der „Rosenkavalier", das war er – und in der Erinnerung lebt er noch immer.

Sie erzählt von ihrer Kindheit in der Ludwigstraße, abseits der „City", von ihren Eltern und davon, dass sie vier weitere Geschwister hat, zwei jüngere Brüder und zwei Schwestern, eine davon älter als sie. Keine Erinnerung lässt sie aus, räumt aber ein, dass sie eigentlich viel, viel früher hätte das Erlebte auffrischen müssen, zu einer Zeit, als es jene noch gab, die Antworten hätten geben können auf Fragen, die sich jeder im Leben irgendwann einmal stellt. Denn: „Es wurde nicht viel über Familie gesprochen, über Familiengeschichte." Nicht viel über das Woher und das Wohin, das Wieso und das Weshalb. Und so wurde aus Karl Noll, dem Mann aus dem Kiosk, der dereinst in den frühen 1950er-Jahren am vorderen Rand des Grundstückes Ludwigstraße 55 stand, in der Erzählung seiner Tochter der „Rosenkavalier".

Das ist er, Karl Noll, der „Rosenkavalier", das war er – und in der Erinnerung lebt er noch immer.

Seine Eltern hatten in der Mäusburg, zwischen Marktplatz und Kreuzplatz, wo später das Schreibwaren-Fachgeschäft „Papier Noll" war, ein Blumengeschäft. Es muss zu den ausgebombten Gebäuden des Zweiten Weltkrieges gehört haben. Er jedenfalls, Jahrgang 1905, gelernter Kunstgärtner, machte sich nach der Heimkehr von der Front noch im Sommer 1945 selbstständig. Eine Kladde, in der säuberlich Einnahmen und Ausgaben aufgelistet sind, legt davon Zeugnis ab – und davon, dass er vor allem Rosen einkaufte. Nicht gesichert hingegen der Zeitpunkt, wann er mit seiner Frau Hildegard, einer gebürtigen Mrosek aus Oberschlesien, von Beruf Schneiderin, die er 1949 geheiratet hatte, unter dem Dach in der Ludwigstraße ein Zuhause gefunden und auf dem Vorplatz einen Kiosk eröffnet hatte.

Wie der Handel damals ablief, kann „die Tochter des Rosenkavaliers" nicht sagen, denn sie erblickte erst im April 1951 das Licht der Welt – drüben in der Liebigstraße, nur wenige hundert Meter entfernt im Katholischen Schwesternhaus. Aber Vaters kleiner, mit grüner Farbe gestrichener Laden war einer der ersten Fixpunkte im Leben der Kinder. Und dies, obwohl ihnen in der Regel untersagt war, sich darin aufzuhalten und schon gar, sich dort ungefragt zu bedienen. Die Naschereien und Leckereien blieben den Kunden vorbehalten, die Fruchtbonbons oder Pfefferminzstangen, die runden Lutscher mit den Plastikgriffen, die Flugzeuge darstellten und Automobile, die Limonaden und Säfte. Selbstredend, da ohnehin nur für Erwachsene, Biere, Liköre, Schnäpse und Tabakwaren. Hier gab es Astor, Overstolz und Eckstein, erhältlich auch in Packungen mit nur drei oder vier Zigaretten.

Die Krankenhausbesucher deckten sich am Kiosk mit Obst ein, das sie den Patienten mitbrachten. Aber eben auch mit Blumen. Und wenn der Mann hinter dem Tresen gute Laune hatte, was meistens der Fall war, dann bedachte er Kundinnen mit einer einzelnen Rose. Stammkunden waren die Leute aus dem Viertel, aus der Nachbarschaft. Sie kauften Bier oder Limonade flaschenweise, meist zum Feierabend. (So wie man das heute noch sehr vereinzelt in Gießen, mehr aber in Frankfurt/Main beobachten kann, wo die Kultur der „Wasserhäuschen" regelrecht eine lokale Tradition darstellt.)

Der „Rosenkavalier" – er muss in seiner Art ein Stenz gewesen sein, groß gewachsen und schlank, ein Typ wie der „Monaco-Franze" Jahre später in München. Immer hellwach, immer offen, freundlich und galant, zudem immer auf sein Äußeres bedacht, immer frisiert, die Haare mit „Brisk" in Form gebracht. Ob mit dem Fahrrad unterwegs oder mit dem Motorrad, schon gar mit dem Auto: „Mein Vater trug immer einen Anzug, war immer korrekt gekleidet, hatte, wenn's kühler war, stets einen Mantel an." Im Arbeitskittel habe sie ihn nie gesehen, nie mit einer Tüte oder einem Korb, immer mit einer Aktentasche, erzählt die Tochter, als sie, gut fünfzig Jahre später, nahezu vierzig Jahre nach dem Tod des Vaters, noch einmal die Bilder ihrer Kindheit vor dem inneren Auge Revue passieren lässt. „Er und sein Freund Rudi Bieler hätten, samt ihres Charmes à la Jean Gabin, in einem Film mitspielen können."

Das Gelände rund um Vaters Häuschen mit der großen Kastanie darauf war ihr erster Spielplatz. Schnell aber kamen weitere Areale hinzu: das Gärtchen hinter dem Haus, der Riegelpfad, unbedingt der Bahndamm. Später durften sie hinauf bis ans Otto-Eger-Heim und bis an die Wieseck neben der Alicenstraße. Zum Mikrokosmos der „Tochter des Rosenkavaliers" zählten der Friseur Lotz und im Haus gegenüber der Tabakladen, der Bäcker Deichert in der Liebigstraße und die Metzgerei Blum, der Zahnarzt Adam und – auf alle Fälle, allein schon wegen der dort erhältlichen Rabattmarken – der Lebensmittelladen von Kniling in der Bleichstraße. Nicht zu vergessen das Pferdegespann mit einem der Erzählerin namentlich nicht bekannten Kutscher, der wöchentlich durch die Straße zog und Milch, Quark und Schichtkäse aus der Molkerei Grieb am Oswaldsgarten verkaufte.

Lernen fürs Leben, wenn nicht im Elternhaus oder auf der Straße, fand das zunächst im katholischen Kindergarten hinter dem St.-Josefs-Krankenhaus statt – bei Schwester Beatrix. Ach ja, die Kirche, der Glaube. Dorthin gingen die jungen Katholiken des Viertels zur Erstkommunion, dort war unsere Erzählerin samstags bei der Beichte, dort besuchte sie sonntags die heilige Messe. Und von dort aus nahm immer an Fronleichnam eine lange, beeindruckende Prozession ihren Weg: Hinter der

Monstranz mit dem Leib Christi unter einem an vier Seiten gehaltenen Baldachin, getragen vom Pfarrer, zogen die Gläubigen durch das Viertel.

Zu den Spielen der Kinder, zumal der Mädchen, zählten weiland der Hula-Hoop-Reifen und die Murmeln, Gummitwist, Springseil und Federball. Roller und Rollschuhe teilte „die Kleine aus der 55" mit den Nachbarskindern.

Alicenstraße. Bleichstraße. Gleich dahinter lag die scheinbar große Welt, da war die Innenstadt, die man andernorts bereits „die City" nannte. Da waren der Seltersweg und die Kinos, das große Kaufhaus und das legendäre Spielwarengeschäft Fuhr, Gustav Geisses Feinkostladen und der Darré mit den Elefanten-Schuhen und so vieles mehr, wovon man als Fünfziger-Jahre-Kind aus der Ludwigstraße allenfalls träumte. „In die Stadt zu gehen – das war ein Fest!" Vielleicht einmal im Monat sei das vorgekommen. Und vielleicht einmal im Monat habe es hernach eine Tüte frischer Brötchen und einen großen Kringel Fleischwurst zum Abendbrot gegeben.

Eines der unbedingten Innenstadt-Erlebnisse der „Tochter des Rosenkavaliers" erinnert an das Jahr 1957: Aus Anlass der Einschulung in der Goetheschule bekam das Mädchen sein erstes, ausschließlich seinetwegen gekauftes Kleidungsstück – ein blau kariertes Kleid aus dem „Karstadt". Bis dahin waren die Hosen und Röcke von der Mutter selbst geschneidert worden, hatte die ältere Schwester diese bereits getragen. Jetzt aber gab es ein individuelles Schmuckstück, nach einem gewissen Kampf zwar: „Stell dich gerade hin! ... Mach kein böses Gesicht!", aber mit einem besonderen Juwel: In Brusthöhe klimperte etwas Kleines, ein vergoldetes Etwas, ein Münze, eine Art Anhänger.

Bis dahin hatte sie weder Ohrringe noch ein Armbändchen gehabt, unsere Erzählerin. Denn Schmalhans war Küchenmeister. Wo viele Schnäbel satt werden wollen, muss man auf den Pfennig schauen. Der Kiosk erwies sich keineswegs als Goldgrube. Die Mutter ging in den Häusern der Umgebung putzen, im Tabakladen und beim Bäcker Deichert, kümmerte sich – außer um die Kinder und den Haushalt – um ein zusätzliches Einkommen. Der Vater verdiente bei einem Getränke-Abfüller im Riegelpfad hinzu. Und beide Eltern arbeiteten bisweilen abends in der Gaststätte von Frau Vulturius als Kellner, der Vater zudem oben in der Grünberger Straße im Vereinsheim des Tennisclubs.

Vieles gab's nur einmal oder zweimal im Monat, war viel seltener als Beichte, heilige Kommunion und Sonntagsmesse. Aber es war wenigstens. Üblicherweise gab's Brot – dagegen galt hin und wieder ein Streuselstückchen mit Cremefüllung wie ein Sechser im Lotto. Die halbe Miete zum großen Glück sah folgendermaßen aus: Samstags bereitete die Mutter einen Blechkuchen zu, der dann zum Backen zu Deicherts gebracht wurde. Wer hatte schon eine Back- und Bratenröhre zu Hause...?

Die Tochter des Rosenkavaliers Ostern 1957, am Tag ihrer Einschulung.

Apropos Speiseplan: Während des Spiels reichte die Mutter hin und wieder ein Schmalzbrot oder ein mit Zucker bestreutes Margarinebrot. Fleisch kam so gut wie nie auf den Tisch in der Zwei-Zimmer-Küche-Toilette-Wohnung oben unterm Dach. Dafür Kartoffelpuffer mit Apfelkompott, Apfelküchlein und schwarzer Tee, zudem sättigender Eintopf.

Sonntags nach dem Mittagessen zogen die Kinder in den nahen Saalbau, um dort in einem Kasten hoch über den Köpfen der Gäste fernzusehen. Kinderstunde. Anschließend war ein Spaziergang angesagt, am Klingelbach entlang aus der Stadt hinaus. Sauber gekämmt; schlimmstenfalls mit Dirndlkleidchen, Schürze und Kniestrümpfen. Wehe, die Eltern trafen dann auf ihnen bekannte Leute: Ohne Knicks ging nix!

Was zählte noch zu dieser Kindheit in der Ludwigstraße? Die Freunde, Dieter und Herbert Cornus oder auch Helga und Luzie Goldmann. Die Frau Sonntag und die Frau Donnerstag. Die Schneiderin aus dem Riegelpfad, die das Kommunionkleid anfertigte. Das Essiggässchen und der Quambusch. Das Schlittenfahren in der Rodthohl und das (heimliche) Erlernen des Radfahrens auf Vaters Drahtesel ganz vorn im Riegelpfad. Die Arbeiter, die morgens vom Bahnhof durch die Liebigstraße zum Heyligenstaedt hin zogen und abends zurück. Die hin und wieder von Nachbarn zuvor in Zeitungspapier gewickelten und dann aus dem Fenster zugeworfenen Groschen für'n Bällchen Eis. Der Bohnerwachsgeruch im Treppenhaus, in dem sich die Familie immer dann um eine brennende Kerze versammelte, wenn draußen ein Gewitter tobte. Die erste Puppe namens Susi, die der „Rosenkavalier" für seine Kleine unter dem großen Prunkkissen auf der Couch versteckt hatte, und ein roter Gummiball mit weißen Punkten. Von 1957 an donnerstags im Radio die „Schlagerbörse" des Hessischen Rundfunks mit Hanns Verres und samstags „Wer war's, wie geschah's, was war los? Das Wort hat Kriminalrat Obermoos", ein Kriminal-Hörspiel.

Jetzt sind es nur noch Erinnerungen. Wie die von der 2005 verstorbenen Mutter oft erzählte Anekdote, derzufolge die kleine Prinzessin des Vaters defekte Taschenuhr einmal zu Boden geworfen hatte, woraufhin das Teil fortan wieder die richtige Zeit angezeigt hatte. Oder die Kiosk-Episode, wonach eines Tages ein zufällig im Viertel verkehrender US-Soldat einen Strauß Blumen kaufte und diesen der damals schwangeren Frau des „Rosenkavaliers" schenkte.

Um 1962 war die Familie in einen der neu erbauten Wohnblocks an der Fuldastraße gezogen. Immerhin an einen Platz, wo man – wie in der Ludwigstraße – vorbeifahrende Züge beobachten konnte, auch wenn die dann nicht mehr nur von Dampflokomotiven gezogen wurden wie ehedem am Riegelpfad.

Seit wenigen Jahren wohnt sie wieder in ihrem Viertel, auf der anderen Seite der Bahn, in der Gnauthstraße. Und wenn ihr Blick von einem bestimmten Platz im Wohnzimmer hinausgeht, dann sieht sie auch dort die Züge mit den Reisenden, den Pendlern. Sie, die Tochter des Rosenkavaliers.

Bahnübergang Frankfurter Straße mit dem Saalbau, ein Foto aus der Zeit um 1960: Im dahinter gelegenen Stadtviertel spielte die Geschichte von der Tochter des „Rosenkavaliers" – und dort ist auch das 1962 gegründete Scarabée zu finden, dessen Mythos in der folgenden Geschichte ergründet werden soll.

Dieser Laden war dem Zeitgeist von Beginn an einen Schritt voraus

Auf der Suche nach der Seele des „Scarabée" –
Seit 1962 angesagter Szene-Treff im Riegelpfad

D as ‚Scarabée' ist der älteste Studentenkeller Gießens, Kultkneipe und Szene-Treffpunkt. Es ist ein von Sagen und Geschichten umwobener Platz, über den es wohl mehr Gerüchte gibt als Wahrheiten. (…) Es blieb der Treffpunkt der Love-and-Peace-Generation (…) Die Polizei versuchte 1973 in einer groß angelegten Razzia, schon vor der Öffnungszeit und getarnt in Güterwaggons, den Treffpunkt der Gegenkultur zu stürmen (…) Trotz vieler Gerüchte und Spekulationen blieb das ‚Scarabée' ein lebendiger Platz."

Spannung aufbauende und vertiefende Fragen provozierende Zitatfetzen aus einer Einladung, die Inge Menges aus Lich und Christel Brömer-Weber aus Gießen 1995 zum 33-Jährigen ihres Ladens schrieben. Sie sind beide als Teenager und Twens im „Scara" am Riegelpfad groß geworden, haben dort ihr ganz privates Lebensglück gefunden und seit 1994 geschäftlich das Sagen.

Das „Scara", wie man den Laden seit seiner Gründung in Kurzform nennt, ist zweifelsohne ein markantes Stück Gießen. Das mögen die Altvorderen nicht unterschreiben, noch weniger die Ewiggestrigen – aber bald alle die, die nach 1940 geboren wurden, als solche von auswärts kamen und hier studierten oder im Umland daheim waren und in der Stadt „das Leben" suchten, sie werden es bestätigen. Es ist ein starkes Gießen-Argument, das allerdings seine Geschichte niemals offensiv zu Markte getragen hat. Das im öffentlichen Meinungsbild – bezeichnend für eine abseits gelegene Musik-Kneipe in einer gepflasterten Nebenstraße an einem Bahndamm, gleich hinter dem früheren Saalbau – eher als verrufen galt, als gastro-

nomisches und soziologisches Wildkraut. Nein, ein Tanz-
saal der gutbürgerlichen Söhne und Töchter Gießens war
das „Scarabée" nie.

Aber was war im Damals, dass es noch im Heute zählt?
Was war denn von Anfang an so markant, so anders, dass
sich der Ruf binnen eines Jahrzehnts zum Mythos aus-
wuchs, Kultcharakter annahm? Immerhin hat der (aktuell mittwochs bis samstags von 22 Uhr an geöffnete) Laden 46 Jahre und alle Moden und Trends mehrerer Generationen junger Menschen überlebt. Er symbolisiert Le-
benseinstellung, Glaubensbekenntnis.

Auf der Suche nach Antworten zunächst ein Blick in
die Archive der Tagespresse. Oliver Keßler, geschätzter
Beobachter des Alltagsgeschehens in der – Eigendefiniti-
on – Kulturstadt an der Lahn, ging 2002 auf „Ursachen-
forschung" – zum 40-jährigen Jubiläum und weit nach der
hier zu fokussierenden Dekade, definierte er zunächst den
Scarabäus, den Pillendreher-Käfer aus dem Mittelmeer-
raum. Er beschrieb die aktuelle Klientel, darunter mittwochs Dark-People, herzlich miteinander umgehend: „Es
wird begrüßt, umarmt, gelacht, diskutiert, geflirtet und
vor allem getanzt. Das war schon immer der Mittelpunkt
im ‚Scarabée'." Zur Geschichte des „Scara" gehöre unwei-
gerlich die legendäre Razzia, schrieb Kessler, der zudem
an die Ausweiskontrolle erinnert und an „die Höchststra-
fe für ungezogene ‚Scara'-Gänger: drei Monate Hausver-
bot". An der Theke habe selbst Udo Lindenberg schon einen getrunken.

*

Wer zur Seele dieser ebenso gefeierten wie verteu-
felten Einrichtung vordringen will, muss – wenn er denn
sein Vorhaben überhaupt schafft – tiefer eindringen. Gespräch mit Menges, Brömer-Weber und langjährigen Gästen, Zeitzeugen. Darunter Ernest von Jonquières aus
Wetzlar, genannt Ernie, in den 1960ern Rhythmus-Gitar-

Hinter diesen Mauern richtete der Ägypter Osman Abousteit 1962 einen der ersten Gießener Studentenkeller ein, das „Scarabée".

rist der Black Shadows und später der Oldies – so was wie der Keith Richard von der Lahn und einer, der früher im „Scara" mal Platten auflegte.

Darüber hinaus traf man hier auf mehr als nur eine Zigarette Dr. Ulla Türck-Frühauf aus Fuldatal, Jahrgang 1945, aufgewachsen in der Frankfurter/Ecke Liebigstraße, Abi 1964, Sozialwissenschaftlerin – und vor allem Tochter von Dr. Wilhelm Türck. Der war Mediziner, verdiente seine Brötchen allerdings dank der önologischen Wurzeln seiner aus Rheinhessen stammenden Ehefrau mit dem Weinhandel und mit der Gastronomie. Türck war es, der einerseits in den frühen 1960ern die Sinalco-Abfüllerei im Riegelpfad pachtete (und 1969 kaufte) und andererseits einem gewissen Osman Abousteit, einem jungen Ägypter, die Einrichtung eines Studentenlokals ermöglichte – mit lederbezogenen Sitzkissen und großen, runden Messingtischen sowie einer Theke plus Tanzfläche. Der Pachtvertrag mit Abousteit trägt das Datum 1. Juni 1962. Drei, vier Jahre später, der Gründungspächter war da bereits nicht mehr im Laden, jobbte die Marburger Studentin Türck jeweils während der Semesterferien im „Scara".

Weiterer Garant für frühzeitliche Kapitel „Scara"-Geschichte waren Thomas „Paule" Linnenberg, dessen Weggefährte Bernhard „Keule" Hühne und beider Freunde vom Freitagsstammtisch bei Bruno und Siggi Meißner im „Hawwerkaste'" am Landgraf-Philipp-Platz. Thomas, der im Juli 2008 seinen 60. Geburtstag feierte, ist einer, dessen Biografie anfangs der Zwanziger eine typische „Scarabée"-Karriere aufweist: erst Tür, das begann im November 1968, als ein gewisser Utz Schulte den Laden schmiss, anschließend Bedienung, am Ende auch Geschäftsführer.

*

Die Sprache kommt zwangsläufig jeweils schnell auf die Musik, deren Auswahl immer Markenzeichen des Ladens war. Immer die zeitgenössische Musik – aber immer auch ein klein wenig weiter als der Mainstream, ein bisschen härter. Die Hits aus den Charts seien nur hin und wieder aufgelegt worden, je nach Stimmung. Alles Gefühlssache. Ganz am Anfang, als hinter der Theke nur ein Zehn-Platten-Wechsler stand, ging's ab wie in Saint-Germain und im Quartier Latin – typisch für eine Kneipe, die sich zunächst dem aus Paris hinüberwehenden Geist des Existenzialismus nahestehend sah; daher ja auch die französische Bezeichnung des Pillendrehers und Fruchtbarkeitskäfers als Name des Hauses: Gilbert Becaud, Charles Aznavour, Adamo, daneben Petula Clark, Adriano Celentano, aber auch – klar – die aus dem angloamerikanischen Sprachraum bekannten Lieder. Ike und Tina Turner, Ray Charles' „I can't stop loving you", Nancy Sinatras „These Boots are made for walking". Unter keinen Umständen zu vergessen Trini Lopez: La Bamba! Nicht minder Roy Orbison und Joey Dee and the Starliters.

Wandmalereien waren schon immer „Scara"-Markenzeichen. In den frühen Jahren zeigten sie unter anderem raumhohe Motive aus der Heimatgeschichte des Gründers.

Ulla Türck-Frühauf hat noch die Twist-Ära vor Augen und in den Ohren: Chris Montez' „Let's Dance", Chubby Checkers „Limbo Rock", die Isley Brothers mit „Twist and Shout", Little Evas „Locomotion". Wann immer es ging, habe sie BBC gehört – und immer bei Gefallen eines Titels schnell beim Schallplatten-Ruhl im Seltersweg nachgefragt, wann der denn in Deutschland erscheine. Die Softsongs im ersten „Scara"-Jahr sangen Interpreten wie Elvis, Neil Sedaka, die Four Seasons, Bobby Vinton. Gitte und Rex, Peter Hinnen, Billy Mo und Lolita, damals angesagte Kräfte der bodenständigen Unterhaltung, hatten da (fast) keine Chance.

Und als 1966 einmal ein Hochzeitspärchen unter den Gästen war, das sich ehedem dort kennen- und lieben gelernt hatte, hatten die „Scarabäer" für den Brauttanz wie selbstverständlich Roy Blacks „Ganz in Weiß" im Repertoire – ohne sich zu verbiegen, ohne Berührungsangst. „Keule" weiß es bis heute: „In den ersten fünf, sechs Jahren, da konntest du unangefochten mit einem Anzug ins ‚Scarabée' gehen." Nachsatz Inge Menges: „Man kann auch heute noch mit einem Anzug ins ‚Scarabée' gehen!"

Um 1968 änderte sich das alles – zumindest in der Erinnerung der Erzähler. Wer ins „Scara" ging, trug gern Parka (gekauft beim Pulz in der Bahnhofstraße, dem damals angesagtesten Fachgeschäft für US-Kleidung in Gießen). Auch musikalisch hatte es weiland gegolten, sich vom „Haarlem" abzugrenzen (ungeachtet dessen, dass dieser Musikkeller 1971 von Spediteur Karl Hofmann aus Wieseck auf die Türcks überging, denen daneben auch das „Fass" in der Frankfurter und – dort gleich um die Ecke – der Soul-Musik-Tempel „et cetera" in der Liebigstraße gehörte sowie die „Casanova-Bar" im Rotlichtviertel unweit der Neustadt): Im „Scara" war die Musik immer ein wenig der Zeit voraus, unbedingt avantgardistisch. Wenn's sein musste, gab's richtig was auf die Ohren: Mehrfach am Abend 1968 Iron Butterfly mit In-A-Gadda-Da-Vida (17:03, die lange Version), Deep Purple (April, 1969, 12:10), Rare Earth, Golden Earring, Ten Years After, Jeffersen Airplane, Jethro Tull, Jimi Hendrix, Cream, die Rolling Stones – während man im „Haarlem" damals mehr auf die britischen Erfolgshits setzte, auf Dave Dee und Co., auf die Troggs und die Hollies.

*

Gespräche übers „Scarabée" in den Sechzigern und frühen Siebzigern verlaufen sich schnell, ohne allerdings in Sackgassen zu enden. Sie haben meist einen schwärmerischen Grundton, bisweilen sind sie aber auch von Melancholie gekennzeichnet – weil das eigene Erleben diesbezüglich weiter weg ist als das mutmaßliche Ende. Es ist, als sezierte man ein Geflecht von Lebensadern und drängte zu immer neuen Ansichten und Einsichten vor.

Es gibt nur wenige Fotos aus mehr als vier Jahrzehnten „Scarabée"-
Geschichte. Wer dorthin ging oder geht, hat anderes im Sinn, als ein Abbild
dieses Ladens für die Ewigkeit zu schaffen.

Dabei reicht oft schon ein Altersunterschied von wenigen Jahren, dass die Erinnerungen der Zeitzeugen durchaus unterschiedlich ausfallen.

Faszinierend in den ausgehenden 1960ern war auf jeden Fall das für Gießen geradezu einzigartige Publikumsgemisch im „Scara" – obwohl dort zunächst eigentlich nur Studenten verkehrten. Oder gerade weil? Na ja, Menges und Brömer-Weber wissen aus eigener Erfahrung, dass die Ausweiskontrolle 1969 nicht durchgängig streng war. Da lernte man Menschen aus zahllosen Kulturkreisen kennen, es ging international zu: Araber, Perser, Schwarzafrikaner, Leute vom Maghreb und aus Ägypten, Türken und Kurden. Nicht minder ungezwungen war die Form des Umgangs, wie Ernie sie lobt: Es gab keine Verpflichtung, keinen Zwang. Ob man jetzt was trank oder nicht. Man konnte sich unauffällig ins Eck stellen, dort wo die antik anmutenden ägyptischen Pharaonen-Zeichnungen an die Wand gemalt waren, die Hieroglyphen – all dies, ganz zu Beginn, unmittelbarer, exotisch und intellektuell anmutender Kontrast zum „Lascaux" in der Bahnhofstraße mit seinen südfranzösischen Höhlenmalereien – und einfach nur schauen. Ohne Not unter Leuten sein und trotzdem allein – das ging. Und für eine Frau, fügt Christel an, sei es geradezu angenehm gewesen, dort nicht schnurgerade angemacht zu werden: „Es war eben kein Laufsteg!"

Ein klein wenig anders draußen auf der Straße, der Abend für Abend voller Menschen war, weil eben – selbst nach dem ersten Umbau mit Verdopplung der Nutzfläche 1971 – der Platz im Keller begrenzt war. Auf der Gass ging es auch ums Sehen und Gesehenwerden, fuhren zudem unentwegt Pkw durch, weshalb die Ordnungsbehörde oben an der Liebigstraße vorübergehend eine Schranke installieren ließ, die zur Nachtzeit unten war und nur von Anwohnern passiert werden konnte. Draußen, da wurden die Joints geraucht, da saß man lässig auf dem Mäuerchen am Bahndamm – und hatte einfach dieses unbedingt Zugehörigkeitsgefühl.

Das Scara – anders als die anderen

Scarabée-Inhaberin Inge Menges meint zu wissen, was die Seele dieser Kneipe ist: Das sind die Gäste. „Sie waren in den 1960ern die Klientel für die Entwicklung dieser Kneipe. Es waren Außenseiter, politisch Andersdenkende, die dem Muff der Nachkriegszeit entfliehen wollten. Die 68er sozusagen schon vor 1968. Sie fanden sich teilweise tagsüber im Park neben dem Theater und abends im Scara: andere Musik – revolutionär, nicht einfach ein bisschen härter, sondern auch dreckiger, lauter, mit politischen Texten. Dort waren exzessiv Andersdenkende, jedenfalls in den 60er- und 70er-Jahren.“ Das habe später nachgelassen, weil die Jugend nicht mehr so politisch gewesen sei.

Aber auch heute noch finde man Andersdenkende im Scara. Deshalb sei die Kneipe nach wie vor „in“. Der Laden sei, so Menges, „anders als die anderen, lässt mehr zu, wenn sich auch das Anderssein nur noch in feinen Nuancen äußert. Mittwochs zum Beispiel die Dark People, die sonst keinen Platz haben, freitags die ganz Hartgesottenen, deren Musik kaum woanders gespielt wird“. Das erkenne man noch immer am Äußeren, vielleicht „versteckter, bunter, nicht mehr ganz so uniformiert wie früher die Hippies und Gammler. Und auch heute noch kann und darf man zwanglos sein im Scara: kein Eintritt, einfach nur rumstehen, nichts verzehren müssen, alleine sein dürfen unter vielen. Das macht die Seele dieses Ladens aus: Anders sein dürfen – trotz Öffentlichkeit“. Gerade deshalb sei das Scarabée so alt geworden.

Ja, der Udo Lindenberg war da. Otto Waalkes, der Spaßvogel aus Emden, hatte ihm einen Besuch empfohlen, nachdem er selbst Monate zuvor im „Scara“ ein paar Erfrischungsgetränke gehoben hatte. Aber Udo hatte zumindest anfangs nicht viel Freude: Der DJ legte doch glatt eine Lindenberg-Scheibe auf, nachdem ihm diese Promi-Visite signalisiert worden war. Weitere bekannte Namen und Gesichter, die die paar Treppen ins Dunkel hinabstiegen und sich unters Volk mischten oder am Tresen abhingen? Daniel Cohn-Bendit, Marius Müller-Westernhagen, irgendwann auch Karl-Heinz Weimar, aktuell Hessens Finanzminister, sowie – Jahre später – Marc Terenzi, die bessere Hälfte von Sarah Connor.

Wer „Scara"-Ehemalige auf die nächtlichen Touren anspricht, hört schnell die Namen weiterer Kneipen. Vom „Knie" ist die Rede, gegründet von Jürgen Moos und Michael Heerde, dem späteren „Select" im Alten Wetzlarer Weg, vom „Pferdestall" und vom „Trichter", von der „Queen" am Oswaldsgarten und natürlich vom „Red Brick", Mahmud Hashash und Franco Parises Tanzladen im Bermudadreieck an der Frankfurter. Gab's da nicht bereits auch den „Credner Keller" und in der Henselstraße Rolf-Dieter Greilichs „Kaiser Wilhelm"? Das „Ascot" in

Fats Domino LP-Cover, im Advent 1969 signiert von Hans-Werner „Jeppe" Wesemann. Den anarchisch veranlagten Norddeutschen hatte es kurz zuvor nach Gießen verschlagen, wo er zum stadtbekannten Unikum und zum streitbaren „Straßenmaler" avancierte, der bis in die Gegenwart hinein das Bahnviadukt in der Ludwigstraße ausgestaltet.

der Ludwigstraße hatte aufgemacht und jenseits des Ludwigplatzes das „Belle Epoche". Michael Voge war Chef im „Holzwurm", dem späteren „Klimbim", machte dann mit seinem Kumpel Wilfried Reiter in den früheren Fackiner-Geschäftsräumen in der Ludwigstraße die „Oktave" auf. Michel und Willi kannten einander aus der Zeit, in der Voge in Krofdorf bei der Schreinerei Bayer untergekommen war, in Reiters unmittelbarer Nachbarschaft. Nicht zu vergessen der unlängst verstorbene Henri aus Berlin, der am John-F.-Kenndy-Platz in einem Ladengeschäft mit großen Schaufensterscheiben die „Pupille" eröffnete (mit großen Sofas und mit Chilli-con-Carne, scharf wie Harry!), und draußen am Eichendorffring, im Keller eines Studentenwohnheims, das „Go in".

*

Zurück in den Riegelpfad, zurück ins „Scarabée", wo es zwar international zuging, die in Gießen zu Tausenden ansässigen US-Soldaten aber offiziell keinen Zutritt hatten. Darauf hatte die US-Militärpolizei ein Auge. „Off limits"? Türck-Frühauf kann sich nicht an ein derartiges Schild draußen an der Tür erinnern. „Anfangs war es einfach kein Ziellokal für die Amerikaner." Nachvollziehbar, denn die gaben ihre Dollars lieber in und an der Bahnhofstraße aus.

Der erste „richtige Ami" im „Scarabée" sei Ernie Butler gewesen, heißt es, der von 1962 bis zur überraschenden Meisterschaft 1965 als „Ausländer" das Trikot der von Peter Nennstiel trainierten Basketballer des MTV 1846 Gießen trug. Die Jungs kamen damals oft in den Keller, nach dem Training, nach dem Spiel und auch nach Butlers Weggang. Ab und an brachte darüber hinaus Jo Starzer vom „Woodland-Club" in der Rödgener Straße ein paar Farbige mit in die Stadt, nachts, nach Feierabend in seinem Laden. Wenn dann Miriam Makebas 1967 veröffentlichter Hit „Pata Pata" aufgelegt wurde, dann machten die Weißen auf der Tanzfläche Platz – dann tanzten die Farbigen die aus Südafrika stammende Schrittfolge: Saguquga sathi bega nantsi Pata Pata!

Ulla Türck-Frühauf erinnert in diesem Zusammenhang mit leuchtenden Augen an zwei Paare, die perfekt hätten Sirtaki tanzen können. Wenn mal weniger los gewesen sei, etwa zu Wochenbeginn, hätten die Freibier bekommen – und auf Mikis Theodorakis' Film-Musik aus „Alexis Sorbas" (1964) die Gäste unterhalten. Und nach und nach hätten immer mehr mitgetanzt. Eine kongeniale Verfilmung des Romans von Kazantzakis und Anthony Quinn und Irene Papas und das „Scarabée" in Gießen… – die Tradition reicht bis in die Gegenwart hinein, wenn bei einem der DJs die Scheibe mit der Sorbas-Melodie als Rausschmeißer aufgelegt wird.

Ernie Butlers Gießener Zeit gäbe allein schon den Stoff für ein eigenes Kapitel in einem Buch wie diesem. In der „Hall of Fame" des MTV (www.giessen46ers.de) beschreibt Korbball-Chronist Wolfgang Lehmann diese Jahre. Die hatten damit begonnen, dass Butler am Tag seiner Ankunft in der „Casanova-Bar" gelandet und fürchterlich versackt war. Der Spielmacher aus den Staaten war es bekanntlich, der Gießen zur ersten Deutschen Meisterschaft führte, der beim legendären Endspiel 1965 in Heidelberg gegen den VfL Osnabrück wenige Sekunden vor der Schlusssirene aus einer Wahnsinnsdistanz den Korb zum 69:68 erzielte.

*

Von der typischen „Scara"-Karriere war bereits die Rede. Zum Personal zählten Mitte der 1960er ein oder zwei Geschäftsführer, die zudem für die Musikauswahl zuständig waren, für die Getränkeausgabe am Tresen und das Beischaffen der Getränke aus dem Lager sowie – vorab – für das Einheizen, wobei das zentral mit Öl versorgte Kanonenöfchen heftig reagieren konnte. Darüber hinaus gab es den Mann an der Tür und ein, zwei Bedienungen, denen hinterher auch das Putzen oblag. Auf der Karte des von 19 bis 1 Uhr an sieben Tagen die Woche geöffneten Hauses: Licher Pils, die unvergessenen Goldhälschen, zum Preis von 80 Pfennig die 0,33er Flasche, Apfelwein, O-Saft, Cola, Limo und eben Spirituosen. Der Türsteher bekam fünf Mark am Abend, die Bedienung zehn Prozent ihres Umsatzes, die Geschäftsführer zehn Prozent vom Gesamtumsatz – abzüglich des Salärs, das die Bedienungen erhalten hatten. Blieb der Umsatz an einem Abend im „Scara" unter 120 Mark, war ein Fixum vereinbart: für jede Bedienung zwölf Mark.

Apropos Öffnungszeiten: 1974 machte der Schuppen vorübergehend auch sonntags von 14.30 bis 19 Uhr auf für Schüler und Jugendliche.

*

Was bleibt für den Moment? Ist noch was im Notizblock von drei sehr anregenden Gesprächen über die „Scarabée"-Geschichte, um auf diesem Weg an die Seele des Ladens zu gelangen? Vielleicht dass einer meinte, auf den Zuspruch der jungen Männer aus Marburg hinweisen zu müssen: „Wir hatten hier wegen der AfE einen relativen Frauenüberschuss!" AfE? Abteilung für Erziehungswissenschaft an der Universität, im Szene-Jargon aber auch mit Abteilung für Erotik übersetzt. Oder dass Pit Glahn unlängst daran erinnert habe, wie er – alles andere als stocknüchtern – eines Samstags zu später Stunde das Scara mit einem Feuerlöscher unter Schaum gesetzt habe, weshalb er sonntags – statt Kirchgang – die Reinigung zu erledigen hatte. Oder dass eine Zeit lang von 1969 an Udo Jürgens' „Es wird Nacht, Senorita" als Schlusslied gelaufen sei – wegen der Textpassage „Nimm mich mit in dein Bettchen". Ein anderes Mal von den Doors „When the music's over turn out the lights" oder von Bobby Bare „Detroit City" mit den Worten „I wanna go home..." (1964), während die Konkurrenz im Haarlem übrigens unter anderem einen Politiker als Rausschmeißer hatte: Heinrich Lübke spricht für Deutschland!

*

Für den Moment bleibt auf jeden Fall der Eindruck, dass diese Niederschrift eine Fortsetzung braucht: Nicht aufhören, bis eines Tages so etwas wie eine Szene-Topografie „Gießen 1960 bis 1980" steht. Zu viele Namen sind während dieser Gespräche gefallen von nur allzu bekannten Menschen, die unmittelbar teilhatten an diesem lebhaften Kapitel Gießener Geschichte. Mit ihnen wäre zu reden.

Gesichert erscheint bislang: Das „Scara" durchlebte bereits in seinen ersten zehn, elf Jahren mehrere, in sich allerdings nicht abgeschlossene Epochen. Wie mit der Musik jener Jahre, die von Jazz, Rhythm 'n' Blues und vom Rock 'n' Roll kam und sich ständig fortentwickelte, neu definierte und vor allem – samt zugehörigem Lebensgefühl – diversifizierte. Bisweilen hat man (zumindest in der Erinnerung) den Eindruck, als bildeten sich in diesem Tanz-, Kultur- und Kurzweilladen mehrere, eigentlich einander nachfolgende Entwicklungen uneigentlich simultan ab.

Die Zeitspanne um 1970 mit der spektakulären Drogen-Razzia im Riegelpfad als Höhepunkt der öffentlichen Wahrnehmung ging quasi in die Geschichte als „typisch" für das „Scara" früherer Jahre ein; die eher „braven Jahre" zuvor blieben weitgehend ausgeblendet. Ergo steht das „Scara" auch für das Lebensgefühl derer, die sich in den Sechzigern und Siebzigern zur „Gegenkultur" hingezogen fühlten. Was immer das auch gewesen sein mochte, es war jenseits dessen, was man mit biederer Provinzialität abtun könnte. Und: Das „Scara" lebt!

Riegelpfad-Erinnerungen von Thomas „Paule" Linnenberg, der dort einmal wohnte und von November 1968 an für zwei, drei Jahre eine typische „Scara"-Karriere startete: erst Tür, anschließend Bedienung, am Ende auch Geschäftsführer. „Paule" weiß, dass dort nicht nur „Love and Peace"-Menschen Abwechslung suchten, was er am eigenen Leib zu spüren bekam. Aber das ist dann schon wieder eine ganz neue Geschichte aus dem Gießen früherer Jahre...

77

Gießen-Stadtplan aus den Jahren vor 1967 für die treue Leserschaft der Gießen-Bücher aus dem Wartberg Verlag:

Was war wo?

„Vom Selterstor zum Hawwerkaste'" (2006), Bd. 1
„Von der Bratwurst-Anna bis zum Karzentra" (2007), Bd. 2
„Vom Spielwaren-Fuhr bis zum Scarabée" (2008), Bd. 3

Nachfolgend die Titel von Geschichten, deren Schauplätze mehr oder weniger ausnahmslos innerhalb des Anlagenrings waren.

1 – „Das werd ich nie vergesse'!", Bd. 1
2 – Gießener Kulturboden soll veredelt werden, Bd. 1
3 – Als Laufbursch' unterwegs in der Altstadt, Bd. 1
4 – Die drei großen „G", Bd. 1
5 – Der Mann mit den acht Namen, Bd. 1
6 – „Ich gehe zurück nach Gießen!", Bd. 1
7 – Heute wäre all dies der letzte Schrei, Bd. 1
8 – Nicht nur im Teufelslustgärtchen roch es nach Sünde und Blut, Bd. 1
9 – Junge Gießener ganz in ihrem Element, Bd. 1
10 – Der Micky-Maus-Club an der Gießener Universität, Bd. 1
11 – Das unterscheidet die Universitätsstadt Gießen von Paris und Berlin, Bd. 1
12 – Kontrolle gab's nicht, Vertrauen war besser, Bd. 1
13 – Die Bratwurst-Anna – eine Gießener Institution, Bd. 2
14 – Für einen langen Sonntagvormittag war die Gießener Jugend der Zeit voraus/ „Gloria" – gesellschaftliches Zentrum, als es noch wenig Fernsehen gab, Bd. 2
15 – Als das Karzentra in einen Neubau zog, waren die Gießener in einem Taumel: Die Lokalpresse sprach von „Sensation!", Bd. 2
16 – Von der Kutschenlackiererei in der Altstadt zum Musterbetrieb, Bd. 2
17 – Jahrzehnte mit der Eisenbahn oder dem Bus nach Gießen, Bd. 2
18 – Das Spielwaren-Mekka mitten in Gießen – eine Kathedrale der kindlichen Fantasie, Bd. 3
19 – Sonntagsbitte der Mutter: „Hol mal beim Rühl drei Marzipan-Schnitten mit der hellen Creme", Bd. 3

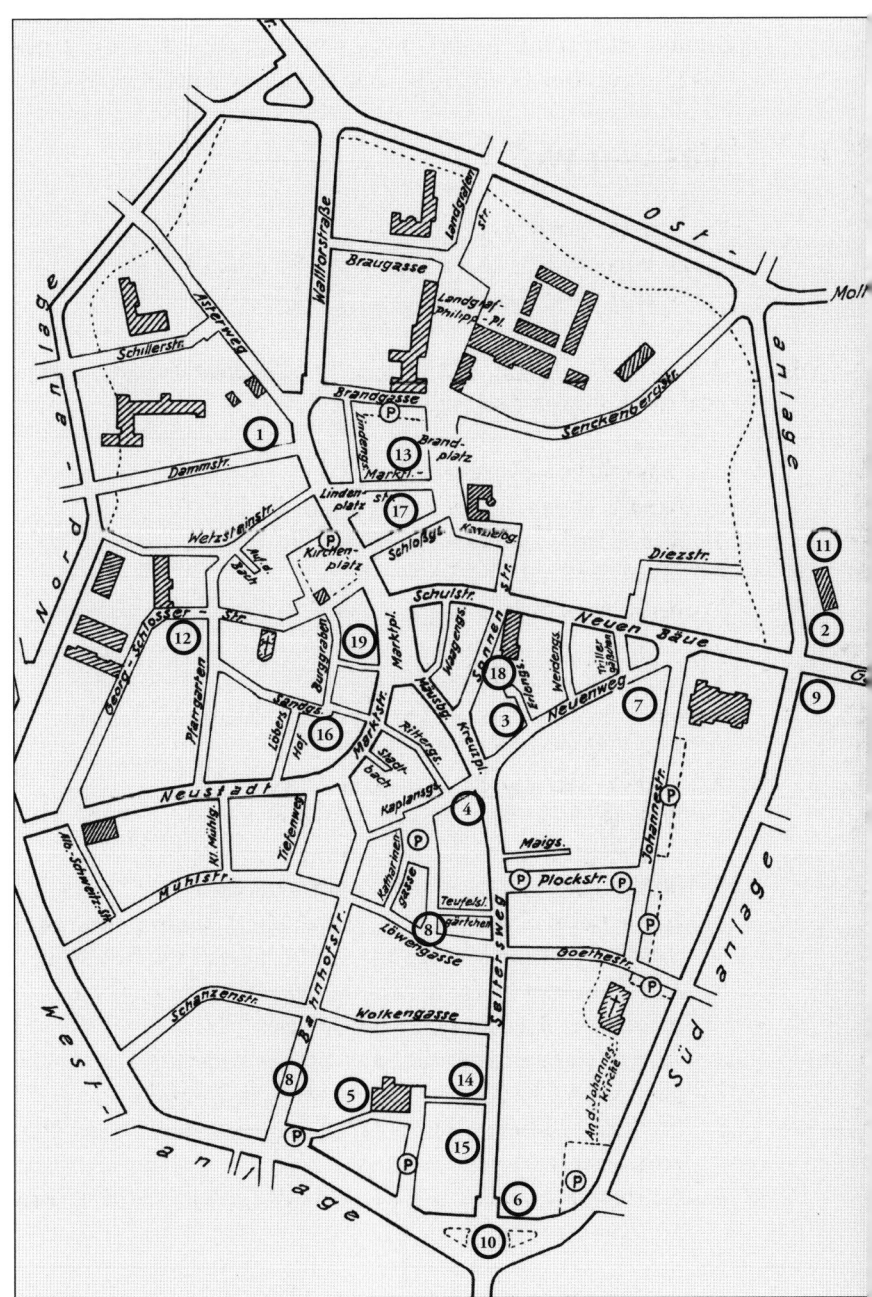

IN DER REIHE
„GESCHICHTEN UND ANEKDOTEN AUS GIESSEN"
SIND BISLANG ERSCHIENEN:

Vom Selterstor zum Hawwerkaste'
Geschichten und Anekdoten
aus dem Gießen früherer Jahre
von Norbert Schmidt
80 S., geb., zahlr. S/w-Fotos
(ISBN 978-3-8313-1643-4)

Von der Bratwurst-Anna bis zum Karzentra
Geschichten und Anekdoten aus dem Gießen
früherer Jahre, Bd. 2
von Norbert Schmidt
80 S., geb., zahlr. S/w-Fotos
(ISBN 978-3-8313-1806-3)

WARTBERG VERLAG GMBH & CO. KG
BÜCHER FÜR DEUTSCHLANDS STÄDTE UND REGIONEN
Im Wiesental 1 · 34281 Gudensberg-Gleichen · Telefon (0 56 03) 9 30 50
Fax (0 56 03) 93 05-19 · www.wartberg-verlag.de